CHRISTUS UND BAHÁ'U'LLÁH

CHRISTUS UND BAHÁ'U'LLÁH

von

GEORGE TOWNSHEND, M. A.

(Ehemaliger Domherr der St. Patrick-Kathedrale in Dublin,
Archidiakon von Clonfert)

BAHÁ'Í-VERLAG · FRANKFURT AM MAIN

Das Buch erschien unter dem Titel
Christ and Bahá'u'lláh
by George Townshend, M.A.

Die lizenzierte deutsche Ausgabe
Christus und Bahá'u'lláh
von George Townshend
erschien 1958 in einer vom Nationalen Geistigen Rat der Bahá'í
in Deutschland und Österreich genehmigten Übersetzung.
Dritte unveränderte Auflage, 1981–138

D-6238 Hofheim-Langenhain
ISBN 3 87037 032 7

INHALT

VORWORT

Diese kleine Schrift gibt kurz aber klar und mit jedem erdenklichen Nachdruck die Tatsachen wieder, die beweisen, daß das Königreich Gottes so, wie es in der Bibel in allen Einzelheiten vorausgesagt wurde, endlich angebrochen ist.

Das Kommen des Königreiches auf Erden ist in allen geoffenbarten Weltreligionen gleichbedeutend mit dem Erscheinen des höchsten Welterlösers, des Herrn der Heerscharen, des wiedergekehrten Christus, des Qá'im, des Neuen Buddha. „Eine Herde und ein Hirte" sollen an die Stelle der vielen sich widerstreitenden und voneinander getrennten Menschengruppen treten.

Diese außerordentliche Verheißung, die ursprünglich vor vielen tausend Jahren ausgesprochen wurde, hat keiner der großen Propheten aufgegriffen, bis im neunzehnten Jahrhundert Bahá'u'lláh, der Begründer des Bahá'í-Glaubens, den Machthabern und religiösen Führern der Welt verkündete, daß Er dieser Erlöser und der Träger der göttlichen Botschaft an den modernen Menschen sei. Er verkündete, daß aus Ihm die Stimme Gottes spreche; Er sei der Herr der Heerscharen, Christus wiedergekehrt in der Herrlichkeit des Vaters; dies sei wahrhaft der Jüngste Tag, der Tag des Gerichts. Die Sendung Bahá'u'lláhs und die Seines gemarterten Vorläufers, des Báb, war zwanzig Jahre lang Verfolgungen jeder Art ausgesetzt. Dennoch haben die Regenten und kirchlichen Würdenträger, an die sich Bahá'u'lláh wandte, Seine Botschaft ohne nähere Untersuchung unbeachtet gelassen. Er starb im Jahre 1892 im Exil im Heiligen Land als Gefangener der Türken.

Trotzdem besteht heute eine Weltgemeinschaft, die Seinen Namen trägt und Seine Lehren befolgt.

Die Gedankengänge und Zielsetzungen des zwanzigsten Jahrhunderts sind wesentlich von den sozialen und humanitären Prinzipien beeinflußt, die Bahá'u'lláh verkündet hat; Seine geistige Botschaft blieb jedoch bisher unbeachtet, und man erkennt noch nicht den Zusammenhang zwischen dem Gedanken der Welt-Ordnung und dem Reich Gottes.

Dieses Buch wendet sich ganz besonders an die Christen, die seit Jahrhunderten das ihnen von Christus selbst gegebene Gebet sprechen: „Dein Reich komme". Leider sind sich die christlichen Kirchen uneins darüber, was dies bedeutet und sind daher machtlos, der Krise unserer Zeit zu begegnen.

Die Botschaft Bahá'u'lláhs öffnet den Christen die einzige Tür zur sicheren Aussicht auf Erfüllung all dessen, was in ihrer großen Tradition das beste ist, der sehnliche Wunsch, zu dienen und dereinst erlöst zu werden.

1. Kapitel

GOTTES RUF AN DIE CHRISTEN

Gott hat bestimmt, daß die Christen des Westens als erste unter allen Völkern der Welt das zweite Kommen Christi in der Herrlichkeit des Vaters erkennen und anerkennen und diese frohen Botschaften über die Erde hin tragen sollen. (1)

Das Reich Gottes ist gekommen! Der Herr der Heerscharen ist erschienen mit allen verheißenen Zeichen! Seine Lehren sind über die Erde verbreitet, und Er hat Seine Botschaft an die Könige und religiösen Führer verkündet. Aber die Christen zögern noch, die Kirchen wollen dies weder anerkennen, noch prüfen. Sie beachten und verstehen weder die prophetischen Ausblicke, die Christus in Palästina Seinen Jüngern über das Wesen des ersten christlichen Zeitalters — der Zeit zwischen Seinem ersten und zweiten Kommen — eröffnete, noch die besonderen Gefahren und Schwierigkeiten, welche die Kirche während dieser Zeit befallen sollten. Er erklärte, daß es in jenen Jahrhunderten zu keiner sicheren Erkenntnis christlicher Wahrheiten kommen werde, zu keiner Übereinstimmung, sondern nur zu endlosen Zweifeln, Streitigkeiten und Schwierigkeiten. Die Feinde der Kirche würden nicht als offensichtliche, bekannte Gegner auftreten, sondern in den eigenen Reihen leben. Die christliche Gemeinde, so warnte Er, würde einem reifenden Kornfeld gleichen, in dem das Unkraut so dicht und stark wuchere, daß es nicht ver-

(1) Bahá'u'lláh, „Sendschreiben an Napoleon III."
Shoghi Effendi, „Amerika und der Größte Friede"

nichtet werden könne, sondern sein böses Werk bis zur Erntezeit weiter treiben werde. (2) Dann würde dieses Treiben seinen Höhepunkt erreichen. Der typische Feind der Kirche sei der falsche Prophet, der die wahre Bedeutung des Evangeliums verkehre und die Gemüter so geschickt irreführe, daß selbst die Auserwählten getäuscht würden, wenn zuletzt, zur Erntezeit, die Schnitter das Unkraut sammeln, es bündeln und verbrennen. (3) Das Wort würde derart mißdeutet, daß die Menschen fürchteten, die Pforten der Hölle könnten sogar die wahre Lehre überwinden. Christus stärkte Seine kleine Schar, gebot ihr, sich nicht zu fürchten, weil es im Wohlgefallen des Vaters liege, ihnen das Reich zu geben.

Die Christen von einst und jetzt haben die eindeutige Verheißung Christi nicht erkannt, noch sehen sie, daß eben diese Dinge, vor denen Christus sie warnte, heutzutage geschehen.

Jetzt ist die verheißene Wende gekommen. Dies ist die Zeit, die Christus voraussah, als Er sagte, daß Er Seinen Jüngern noch viele Dinge zu sagen hätte, aber darüber schweigen müsse, weil sie noch nicht reif wären, diese zu tragen. Nun ist endlich die Zeit der Reife gekommen; die Zeit der Ungewißheit und des Zweifels, der Selbsttäuschungen, der hohlen Phantasiegebilde und der eitlen Einbildungen ist vorüber. „Der Geist der Wahrheit" ist gekommen. Ein neuer Himmel und eine neue Erde liegen vor der Menschheit ausgebreitet, und von jedem Menschen wird gefordert: „Prüfet alles und behaltet das Gute".

Dieses Buch wurde geschrieben, damit christliche Männer und Frauen, durch die Irrtümer und Unrichtigkeiten

(2) Matth. 13, 24—30
(3) Mark. 13,22; Matth. 24,24; 13,30

der Vergangenheit verwirrt, nicht das Neue dieses Zeitalters übersehen, die Warnungen Christi nicht vernachlässigen und nicht in jene Schlinge geraten, von der Er so oft und so nachdrücklich gesprochen hatte. Mögen sie doch nicht aus Mangel an Unterscheidungsvermögen oder Mut in die Hände jener geraten, die Unheil bringen!

Dieses Buch wurde geschrieben, um anhand der unzweifelhaften Tatsachen der Geschichte zu beweisen, welches die wahre Auslegung der Prophezeiungen Jesu über das Wesen Seines Zeitalters ist, um die Gerechtigkeit Seiner Warnungen aufzuzeigen, besonders in der heutigen Zeit, da die Geschehnisse, die Er vorausgesagt hatte, die Krise ihrer Erfüllung erreicht haben.

Möge der Vater in Seiner Barmherzigkeit gewähren, daß die Christen des Westens aus ihrer Gleichgültigkeit aufgerüttelt und dazu bewogen werden, die Wahrheit zu erforschen, ehe es zu spät ist, und mögen sie sich endlich erheben und der erschütternden, noch nie dagewesenen schreienden Not begegnen, die sich vor ihnen auftut!

2. Kapitel

DAS REICH GOTTES IN DER BIBEL

Die Geschichte vom Kommen des Reiches Gottes zieht sich durch die ganze Bibel hin. Es ist der Gipfel und die Erfüllung des großen Erlösungsplanes Gottes. Die Verwirklichung des Reiches Gottes am Ende ist von Anbeginn verheißen und verleiht der Bibel einen Charakter zuversichtlicher Erwartung, des Erfolges und des Triumphes.

Jesus Christus erwähnte Noah und Abraham als göttliche Propheten und Offenbarer in der Reihenfolge Jener, welche die Menschheit dem Reiche Gottes zugeführt hatten; aber Ihre Lehren sind offensichtlich verloren gegangen und werden in der Heiligen Schrift nicht wiedergegeben.

Aus diesem Grunde beginnt die eigentliche Geschichte vom Kommen des Gottesreiches auf Erden erst mit der wundervollen und berühmten Prophezeiung Mose im Deuteronomium. (4)

Eine Prophezeiung in der vollen Bedeutung des Wortes besagt viel mehr als lediglich eine Voraussage. Sie ist eine Vorausschau der Zukunft, gesehen mit den Augen eines durch das Licht der Ewigkeit inspirierten Propheten, und sie ist eine Vision des Zukunftsplanes Gottes, eines Planes, der weit über das menschliche Erkenntnisvermögen hinausgeht.

Abraham war schon das Kommen eines Mannes aus Seinem Stamme verkündet worden, durch den alle Geschlechter auf Erden gesegnet würden, und ähnlich hat

(4) 5. Mose, 30

Jakob das Kommen Schilos geweissagt (5). Die Prophezeiung Mose war ausführlicher und genauer. Er weissagte, daß in ferner Zukunft die Juden, die Er jetzt aus Ägypten nach dem verheißenen Lande führte, um eines schrecklichen Verbrechens willen aus diesem Land verstoßen und gänzlich unter die anderen Nationen verstreut werden würden. Sie müßten in Elend und Erniedrigung leben, bis in der Fülle der Zeit Gott der Herr, von Erbarmen gerührt, sie „zurückführen und sammeln" und sie wieder als Seine bekehrten Untertanen in das alte Land ihrer Väter einsetzen würde, auf daß sie dort in ewigem Frieden leben.

„Wenn nun über dich kommt dies alles, es sei der Segen oder der Fluch, die Ich dir vorgelegt habe, und du in dein Herz gehest, wo du unter den Heiden bist, da dich der Herr, dein Gott, hin verstoßen hat,

und bekehrest dich zu dem Herrn, deinem Gott, daß du Seiner Stimme gehorchest, du und deine Kinder, von ganzem Herzen und von ganzer Seele, in allem, was Ich dir heute gebiete,

so wird der Herr, dein Gott, dein Gefängnis wenden, und Sich deiner erbarmen, und wird dich wieder versammeln aus allen Völkern, dahin dich der Herr, dein Gott, verstreuet hat." *(5. Mose 30, 1—3)*

Die Weissagung Mose war für die jüdischen Propheten eines ihrer beliebtesten und berühmtesten Themen. Der größte unter ihnen, Jesaja, sprach vor allem über diese Geschehnisse in seiner höchst erhabenen und machtvollen Weise. Jeremia und Hesekiel, Sacharia, Joel, Micha, Nahum, Habakuk, Zephania hatten die gleiche Begeisterung und füllten das faszinierende Bild, das Er von der zukünftigen Wiedereinsetzung entworfen hatte, noch weiter aus. Die

(5) 1. Mose, 49

Prophezeiung Mose über die Rückkehr ins Heilige Land wurde gleichgesetzt mit dem endgültigen Kommen des Reiches Gottes durch das Erscheinen des höchsten Welterlösers, Gottes, des Herrn, des Herrn der Heerscharen. Die Welt sollte geeint werden, und die Juden im Heiligen Land sollten dort einen Mittelpunkt haben, der ihnen eine Ehrenstellung verleihen und um den sie die Menschheit beneiden würde. Die Welt jenes Tages würde, so schauten es die Propheten, innerlich und äußerlich umgeformt, der menschliche Charakter gewandelt und erhöht werden.

> „Und Ich will euch ein einträchtig Herz geben, und einen neuen Geist in euch geben .... auf daß sie in Meinen Sitten wandeln ... Und sie sollen Mein Volk sein, so will Ich ihr Gott sein." *(Hesekiel 11, 19—20)*

> „Und nach diesem will Ich Meinen Geist ausgießen über alles Fleisch ..." *(Joel 3, 1)*

> „... Ich will Mein Gesetz in ihr Herz geben, und in ihren Sinn schreiben und sie sollen Mein Volk sein, so will Ich ihr Gott sein." *(Jeremia 31, 33)*

> „... das Land ist voll Erkenntnis des Herrn, wie Wasser das Meer bedeckt."
> *(Jesaja 11, 9 und Habakuk 2, 14)*

> „Und der Herr wird König sein über alle Lande. Zu der Zeit wird der Herr nur einer sein und Sein Name nur einer." *(Sacharia 14, 9)*

Friede wird überall auf Erden herrschen. Die Menschen werden nicht mehr den Krieg üben. Sicherheit, Ruhe der Gemüter und Fülle werden dem Frieden folgen.
(Jesaja 2, 4; Micha 4, 4—5; Jesaja 35, 1—2; Joel 3, 18)

„Er wird unter großen Völkern richten und viel Heiden strafen in fernen Landen. Sie werden ihre Schwerter zu Pflugscharen und ihre Spieße zu Sicheln machen ..." *(Micha 4, 3)*

„... daß Güte und Treue einander begegnen, Gerechtigkeit und Friede sich küssen", fügt der Psalmist hinzu. *(Psalm 85, 11)*

Der Charakter des Menschen wird als das erkannt werden, was er in Wirklichkeit ist:

„Es wird nicht mehr ein Narr Fürst heißen, noch ein Geiziger Herr genannt werden." *(Jesaja 32, 5)*

Inmitten dieser Gemeinschaft friedvoll und freundlich gesinnter Nationen haben die Propheten dem Heiligen Land eine Stellung überragender Vorrechte zugeschrieben. Es steht einzig da in der Gesetzgebung, in der religiösen Lehre und in der Ausübung der Regierung und des Rechtes:

„... Denn von Zion wird das Gesetz ausgehen, und des Herrn Wort von Jerusalem." *(Jesaja 2, 3)*

Und wieder:

„... Kommt, laßt uns auf den Berg des Herrn gehen, zum Hause des Gottes Jakobs, daß Er uns lehre Seine Wege, und wir wandeln auf Seinen Steigen ... Und Er wird richten unter den Heiden und strafen viele Völker ..." *(Jesaja 2, 3—4)*

„... und die Herrschaft ist auf seiner Schulter und er heißt Wunderbar, Rat, Kraft, Held, Ewigvater, Friedefürst, auf daß seine Herrschaft groß werde und des Friedens kein Ende auf dem Stuhle Davids und in seinem Königreich, daß er es zurichte und stärke mit

Gericht und Gerechtigkeit von nun an bis in Ewigkeit. Solches wird tun der Eifer des Herrn Zebaoth."

(Jesaja 9, 5—6) (6)

Kein Wunder, wahrlich, daß die Juden seit der Zeit Jesajas bis zur heutigen Stunde Trost und Stolz fanden in dem Gedanken der Wiedereinsetzung ihres Volkes zu der Zeit, da das Reich kommen wird, und daß sie wieder und wieder mit Glücksgefühl die Prophezeiungen des Kommens des Herrn der Heerscharen lasen.

Ein anderes, großes Bild der Herrlichkeit des Reiches Gottes entwirft die Bibel in der Offenbarung Johannes. Diese führt die Bibel auf ihren Höhepunkt und zu ihrem Ende. Da sie zu der Offenbarung Christi gehört, ist sie von höchstem geistigem Rang. Sie verheißt die Gegenwart Gottes auf Erden:

„... Siehe da, die Hütte Gottes bei den Menschen; und Er wird bei ihnen wohnen und sie werden Sein Volk sein, und Er Selbst, Gott, mit ihnen, wird ihr Gott sein; und Gott wird abwischen alle Tränen von ihren Augen und der Tod wird nicht mehr sein, noch Leid noch Geschrei noch Schmerz wird mehr sein; denn das Erste ist vergangen ... und sehen Sein Angesicht und Sein Name wird an ihren Stirnen sein. Und wird keine Nacht da sein, und sie werden nicht bedürfen einer Leuchte oder des Lichtes der Sonne; denn Gott, der Herr, wird sie erleuchten, und sie werden regieren von Ewigkeit zu Ewigkeit."

(Offenbarung 21, 3—4; 22, 4—5)

(6) Siehe Seite 26

Denn es steht geschrieben:

> „Und die Heiden, die da selig werden, werden wandeln in ihrem Licht; und die Könige auf Erden werden ihre Herrlichkeit in sie bringen.“ *(Offenbarung 21, 24)*

Daraus ist zu folgern, daß die Bibelstelle von Gottes Gegenwart auf das irdische Reich und das Heilige Land anspielt.

3. Kapitel

JESUS CHRISTUS, DER HEROLD DES REICHES GOTTES

Moses hatte die Verwirklichung des Reiches Gottes und die Wiedereinsetzung der Juden angekündigt, und bedeutende Propheten hatten in inspirierter Sprache darüber geschrieben. Das Wirken Jesu war innerlicher, mehr aufbauend, schöpferischer. Er war tatsächlich der Herold des Reiches Gottes, das, wie Er sagte, „nahe“ war. Aber Er offenbarte es nicht in seiner Fülle: *„Ich habe euch noch vieles zu sagen, aber ihr könnt es jetzt noch nicht tragen.“* Das Reich Gottes wird in Seiner Offenbarung eine lebendige, glühende Wirklichkeit, sowohl in den Herzen der Gläubigen als auch in der Welt, in der es bald erfüllt werden soll. Jesus spricht vom König dieses Gottesreiches, was keiner vor Ihm je getan hatte, und Er bezeugte von Ihm: *„Er wird von Mir Zeugnis ablegen“*.

Jesus schuf eine Macht, zu Gott zu gelangen, die neu war, und damit diese Macht klar wirken könne, hatte Er den Geist des Menschen von allen Hemmnissen zu läutern. Loslösung von der Welt wurde eine Tugend, Verhaftung mit der Welt eine Sünde. Jesus forderte dieses Opfer, nämlich das Leben der Welt zu verlieren um des lebendigen Geistes willen, aber Er machte Gott so anziehend, fröhlich, liebevoll und mächtig, daß der Christ bereit wurde, alles für Ihn aufzugeben, und auch für Christus, der Ihn offenbarte.

So gewinnt die schreckliche, furchtbare Gottheit des Alten Testamentes im Neuen Testament die Herzen der Menschen. Wir lesen von dem kleinen Sperling, dessen

Fallen von einem liebevollen Vater überwacht wird, von den Blumen auf dem Felde und den Vögeln in der Luft, und die zartesten Geschichten, die je die Menschenherzen gewonnen haben — die vom verlorenen Sohn und vom guten Samariter.

Eine neue Art der Liebe wird jetzt der Wesenszug des Reiches Gottes, eine Liebe, die nicht nur die Gläubigen mit Gott vereint, sondern auch miteinander, und die sogar auf die Feinde ausgedehnt wird und auf die, *„die euch hassen"*. *„Daß ihr einander liebet"* wurde zum Maßstab für die Jüngerschaft Christi.

Das höchste Ideal dieser Liebe war, wie es im Johannes-Evangelium gezeigt wird, die Beziehung zwischen Christus und dem Vater, und sie steht, wenn auch in der einfachsten Sprache und in den schlichtesten Worten geoffenbart, als der höchste Ausdruck göttlicher Liebe in der Heiligen Schrift.

So kam es, daß die Lehren Jesu über die Seelen und Herzen der Menschen eine geistige Macht auslösten, wie sie noch niemals in der Welt zuvor gekannt ward. Geschichtsschreiber haben bekannt, daß die Lehren Jesu mehr zur Erhöhung der menschlichen Natur und Zivilisation beigetragen haben als alle Gesetze der Gesetzgeber und Erörterungen der Philosophen zusammen. Dadurch, daß Er religiöse Kräfte entfesselte, die den Nöten der Zeit und den Menschen angemessen waren, machte Er den Weg zum Reiche Gottes in den Menschenherzen frei. Neue Neigungen und Ziele, Hoffnungen und Bindungen wurden in das Dasein gebracht, und die ganze Welt der Ethik geriet in den Zustand der Bewegung.

Die ersten Christen lehrten die Heiligkeit des menschlichen Lebens und die Würde der menschlichen Natur.

Sobald sie konnten, geboten sie dem Aussetzen der Kinder bei der Geburt und den Spielen der Gladiatoren Einhalt. Später förderten sie die Erziehung, bauten sie Krankenhäuser und führten ein gerechteres System der Gesetzgebung ein, als es bis dahin unter den Römern ausgeübt worden war. Solche Änderungen bewirkten sie, weil der Sitz der Herrschaft Christi in ihren Seelen errichtet war und Sein Thron in ihren Herzen. Sie waren dem Einfluß eines jeden Hauches des Geistes geöffnet, der über sie wehte, und sie hatten ihren Willen Seinem Dienste geweiht. Eine neue, christliche Zivilisation erstand mit Byzanz als Mittelpunkt, die ihre Höhe im 4. Jahrhundert erreichte. (7)

Zur Zeit Christi fand man in Rom eine eindrucksvolle Zahl hervorragender Philosophen, Geschichtsschreiber und Redner, Dichter und Gelehrter, die sich alle der Erniedrigung und des Verfalls im Leben Roms zutiefst bewußt waren. Es lag ihnen viel daran, einen Weg zur Besserung dieser Zustände zu finden, und dennoch waren sie außerstande zu helfen. Keinem unter ihnen kam je der Gedanke, daß die neuen Lehren Christi dieser Aufgabe gewachsen wären und eine neue und bessere Gesellschaftsordnung wieder aufbauen könnten. Sie erwähnten das Christentum nur selten und dann nur voll Verachtung. Man kann sich über ihre Blindheit nur wundern, doch der Grund hierfür ist naheliegend: Jesus betrachtet diese Welt des Menschen als den Widersacher der Welt Gottes. *„Ihr könnt nicht Gott dienen und dem Mammon"* ist der Grundstein Seiner Ethik. Es sei denn, der Mensch verläßt seinen Vater, seine Mutter, sein Weib und sein Heim um Seinetwillen und des Evangeliums willen, so kann er nicht Sein Jünger sein. Er verlangt daher, daß sich der Mensch

(7) Siehe Kapitel 9

im hohen Grade der Selbstkontrolle und der Selbstdisziplin unterwirft. Jesus lehrte, daß das Erdenleben als eine Brücke bestimmt sei, über die man hinwegschreitet und keinesfalls als ein Zuhause, in dem man sich heimisch macht. Ein weiser Mensch wird sich daher nicht zu stark binden, sondern sich frei halten, um jedem höheren Ruf zu neuen Pflichten, der von der göttlichen Welt zu ihm gelangt, sofort zu folgen. Er wird bestrebt sein, ein hohes Niveau der Selbstkontrolle zu erlangen, freudig bewußt, daß die Forderungen des Evangeliums und Christi über jedes irdische Erfordernis Vorrang haben.

Der Philosoph des alten Rom andererseits war völlig in den Angelegenheiten, Interessen und Forderungen der menschlichen Welt versunken und hatte keine Vorstellung von irgendeiner Verpflichtung, diese Bedürfnisse einer höheren Lebensstufe zu opfern.

Reinheit bedeutet daher die Reinigung des menschlichen Herzens von dem verdunkelnden Einfluß der Schleier und Schatten der Erde, die den Menschen daran hindern, Gott oder Christus zu erkennen und die ihn geradezu in Dunkelheit halten, in der er weder die Erkenntnis noch jene Macht besitzt, die jedem Herzen innewohnt, das sich vom Hang zum Mammon losgelöst hat. Die Wunder Christi wären nie geschehen und die geistigen Kräfte, die in so überreichem Maße ausgegossen wurden, nie frei geworden, wäre Er nicht bereit gewesen, jede menschliche Bindung und Neigung für Gott und die Geliebten Gottes zu opfern. Die geheimnisvolle Kraft, die nur allein einem solchen Opfer wie dem Christi entspringen kann, ist mit einem Samenkorn zu vergleichen, das auf die Scholle fällt und im Dunkel begraben liegt. Das Samenkorn gibt sein äußeres Leben auf und seine Hülle vergeht. Sein inneres

Wesen hingegen gewinnt neues Leben und wächst, eine neue Form annehmend, zu einem großen Baum mit Ästen, Zweigen und Blättern heran. In ähnlicher Weise gab Christus alles auf, was Ihn an Sein Heim und an alle Bande der Erde fesselte, und dieses Opfer schuf die christliche Gemeinde, in der Sein eigenes Leben aufging. Er war der Erste, der das Opfer brachte, das Seine Lehre forderte. Von Gott erfüllte Apostel folgten Ihm nach und zogen aus, die Welt zu wandeln und als Märtyrer zu sterben.

Bahá'u'lláh bezeugt:

„Wisse, daß die ganze Schöpfung in großer Trauer weinte, als der Menschensohn Seinen Geist zu Gott aufgab. Indem Er Sich Selbst opferte, wurde allem Erschaffenen eine neue Fähigkeit eingeflößt. Die Beweise hierfür, die sich in allen Menschen der Erde dartun, sind nun vor dir offenbar. Die tiefste Weisheit, welche die Weisen zum Ausdruck gebracht haben, die gründlichste Gelehrsamkeit, die irgendein Geist entfaltet hat, die Künste, welche die fähigsten Hände hervorgebracht haben, der Einfluß, der durch die allermächtigsten Herrscher ausgeübt wurde, sind nur Offenbarungen der belebenden Macht, die durch Seinen überragenden, Seinen alldurchdringenden und strahlenden Geist entfesselt wurde.

„Wir bezeugen, daß Er den Glanz Seiner Herrlichkeit über alles Erschaffene ergoß, als Er in die Welt trat. Durch Ihn wurde der Aussätzige vom Aussatz der Verderbtheit und Unwissenheit geheilt. Durch Ihn wurden der Unreine und der Eigensinnige geläutert. Durch Seine aus dem allmächtigen Gott geborene Macht wurden die Augen des Blinden geöffnet und die Seele des Sünders geheiligt.

„Der Aussatz mag als Schleier gedeutet werden, der zwischen den Menschen und die Erkenntnis des Herrn,

seines Gottes, tritt. Wer sich von Ihm trennen läßt, ist in der Tat ein Aussätziger, dessen im Reiche Gottes, des Mächtigen, des Allgepriesenen, nicht gedacht werden soll. Wir bezeugen, daß durch die Macht des Wortes Gottes jeder Aussätzige gereinigt, jede Krankheit geheilt, jede menschliche Schwäche gebannt wurde. Er ist es, der die Welt läuterte. Gesegnet ist der Mensch, der sich Ihm mit einem von Licht strahlenden Angesicht zugewandt hat". (8)

Wundersam ist die Geschichte Christi! Doch wo ist heute das Evangelium in der Welt?

(8) „Ährenlese aus den Schriften von Bahá'u'lláh", Kapitel XXXVI

4. Kapitel

DIE FALSCHEN PROPHETEN

Wie Jesus vorausgesagt hatte, brachten es die falschen Propheten zustande, den wesentlichen Sinn des Evangeliums so zu verändern, daß ein völlig anderes Bild von dem entstand, was die Bibel sagt oder Christus gelehrt hat. (9)

Es ist lange allgemein geglaubt worden, daß Jesus Christus eine einzigartige Inkarnation Gottes gewesen sei, wie sie in der Religionsgeschichte nie zuvor erschienen war und auch nie wieder kommen werde. Dieser Lehrsatz machte es einem Christen unmöglich, irgendeinen späteren Propheten anzuerkennen. Und doch spricht keine der im Evangelium berichteten Darlegungen Christi für eine solche Ansicht, und auch zu Seinen Lebzeiten glaubte niemand daran.

Jesus erklärte nachdrücklich, daß Er Gott offenbare. Er sprach von Gott als dem Vater, machte aber stets einen Unterschied zwischen Sich und dem Vater. In vielen solchen Hinweisen wie: *„Er, der mich sandte"*, *„Mein Vater ist größer als ich"* (10), *„ich gehe zum Vater"* (11), *„ich will den Vater bitten"* (12), *„. . . und nichts von mir selber tue, sondern wie mich mein Vater gelehrt hat"* (13), machte Er dies hinreichend klar, und Er stellte ausdrücklich fest, daß dem Vater ein Wissen eigen sei, welches der Sohn nicht besitze. *„Von dem Tage aber und der Stunde weiß niemand, auch die Engel nicht im Himmel, auch der Sohn*

(9) Matth. 7,15—23 — (10) Joh. 14,28 — (11) Joh. 16,16 — (12) Joh. 14,16 — (13) Joh. 8,28

nicht, sondern allein der Vater" (14). Er sprach von Sich als von dem Sohn und dem Propheten (15) und wurde als solcher betrachtet (16), und Er bezog Seine Sendung auf Moses und Abraham, die Ihm vorangegangen waren, und auf andere, die nach Ihm kommen würden. Besonders „Er, der Geist der Wahrheit", werde Dinge offenbaren, die Jesus noch nicht enthüllte. (17)

Die Anhänger jeder Weltreligion haben für sich selbst einen ähnlichen Glauben von der Einzigkeit und Endgültigkeit ihres eigenen Propheten erfunden. So hat keine Religion je den Propheten einer späteren Religion anerkannt. Die Hindus anerkennen Buddha nicht, die Buddhisten Christus nicht und auch die Zoroastrier lehnen Christus ab. Die Folge dieses Irrglaubens ist, daß die Weltreligionen die Menschen nicht vereinen, sondern zu ihrer weiteren Entfremdung beigetragen haben.

Eine andere allgemein vertretene Meinung der Christen ist, daß die Lehren Christi absolut und endgültig seien. Sie glauben, die letzte Wahrheit sei ihnen nur zeitweilig vorenthalten worden, weil sie diese nicht hätten fassen können; sie sei ihnen zu Pfingsten aber in der ganzen Fülle enthüllt worden, und es gebe jetzt nichts mehr zu offenbaren. Aber in den Aufzeichnungen über Pfingsten ist nichts enthalten, was eine solche Auslegung unterstützt; es ist auch nicht anzunehmen, daß Jesus einerseits die falschen Propheten als charakteristisch für sein Zeitalter bezeichnet hat, andererseits aber auf diese Warnung die Verkündigung der ganzen Wahrheit an die Kirche unmittelbar gefolgt wäre. Die Bibel zeigt uns vielmehr eine Folge von Lehrern: Abraham, Moses und Christus, die durchweg

(14) Mark. 13,32 — (15) *Matth.* 14,57; Luk. 13,33 — (16) Matth. 21,11; Luk. 7,16 — (17) Joh. 16, 12—13

ihre Offenbarungen den Nöten und der Reife ihrer Hörer angepaßt haben. Jesus ändert zum Beispiel das Gesetz über die Ehescheidung und sagt: „*Moses gab euch dies wegen der Verhärtung eurer Herzen, aber seit Anbeginn war es nicht so.*" Oft spricht Er: „*Ihr habt gehört, daß zu den Alten gesagt ist ... Ich aber sage euch ...*"

Eine andere stets von den Christen vertretene Ansicht ist, daß Christus der Herr der Heerscharen des Alten Testaments sei. Aber die jüdischen Propheten hatten vorhergesagt, daß der Herr der Heerscharen bei Seinem Kommen die Juden nicht im Heiligen Land antreffen würde; sie wären vielmehr unter die Nationen zerstreut und hätten seit Jahrhunderten unter Elend und Erniedrigung gelitten. Als aber Jesus kam, war Palästina von Juden bevölkert und ihre Ausstoßung setzte nicht vor dem Jahre 70 n. Chr. ein. Es kann gesagt werden, daß diese bis zum Jahre 1844 gedauert hat.

Gleichsam als Bestätigung strenggläubiger christlicher Ansicht pflegt man in allen Kirchen an Weihnachten die Worte Jesajas über den Herrn der Heerscharen zu lesen, als ob sich diese auf Christus beziehen würden.

(Jesaja 9, 5—6):

> „Denn uns ist ein Kind geboren, ein Sohn ist uns gegeben, und die Heerschaft ist auf seiner Schulter; und er heißt Wunderbar, Rat, Kraft, Held, Ewig-Vater, Friedefürst; auf daß seine Herrschaft groß werde und des Friedens kein Ende auf dem Stuhl Davids und in seinem Königreich, daß er's zurichte und stärke mit Gericht und Gerechtigkeit von nun an bis in Ewigkeit. Solches wird tun der Eifer des Herrn Zebaoth."

Diese Titel gehören jedoch nicht ausschließlich Christus, und einige von ihnen lehnt Er ausdrücklich ab, als ob Er es gleichsam unmöglich machen wollte, daß man sich später auf derart irrige Weise auf Ihn bezieht. Er verneinte, der allmächtige Gott zu sein, als Er Sich *„den Sohn Gottes"* nannte (Joh. 5, 18—47); und ebenso sei Er nicht der Vater, denn Er sagte: *„Mein Vater ist größer als ich"* (18), noch der Friedefürst, denn: „Ich bin nicht gekommen, Frieden zu bringen, sondern das Schwert" (19). Er stellte in Abrede, die Herrschaft auf Seinen Schultern zu tragen, oder daß das Gericht und die Gerechtigkeit für immerdar Sein seien, denn „Mein Reich ist nicht von dieser Welt" (20).

Viele dieser falschen Auslegungen verwerfen das Wort Gottes zugunsten menschlicher Worte. Diese gottlose Handlung wird derart geschickt und mit dem Mantel der Demut ausgeführt, daß sie oftmals selbst von den ehrlichsten und frömmsten Gläubigen nicht bemerkt wird. Wahrscheinlich sind sich nur wenige Kirchgänger heute bewußt, daß das Evangelium Christi, wie es den wenigen auf der Kanzel bekannt ist, völlig verschieden ist von jenem Evangelium, das Christus in Galiläa predigte, und wie es in der Bibel steht.

Obgleich Christus ausdrücklich weitere Offenbarungen der Wahrheit durch den Tröster, durch Seine eigene Wiederkehr und durch den Geist der Wahrheit versprochen hatte, betrachtet die christliche Kirche Seine Offenbarung dennoch als endgültig und hält sich für den einzigen Treuhänder wahrer Religion. Hier ist kein Raum mehr für den Höchsten Erlöser, wie Ihn die Bibel beschreibt, der große Umwälzungen zur Errichtung des Königreiches Gottes

(18) Joh. 14,28 — *(19)* Matth. 10, 34 — *(20)* Joh. 18, 36

bringen wird. Unter diesem Königreich versteht man vielmehr häufig eine weltweite Kirche.

Während man Gottes Bündnis so als mit der Bibel abgeschlossen ansah, kam die geheiligte Geschichte — von Gott gelenkt — zu ihrem Ende und die weltliche Geschichte, ohne jeglichen Sinn für göttliche Bestimmung oder Einheit, nahm ihren Anfang.

Die Offenbarung Christi war rein geistiger Natur. Er sprach: *„Mein Reich ist nicht von dieser Welt"* und *„Das Reich Gottes ist inwendig in euch"*. Seine große Gabe für den Menschen war die Erkenntnis des ewigen Lebens. Er lehrte die Menschen, daß sie körperlich bei bester Gesundheit, geistig dennoch krank oder sogar tot sein könnten. Aber es war schwierig, ihnen diese Wahrheit zu vermitteln, und Jesus mußte ihnen zu ihrem Verständnis verhelfen. So sagte Er, Er sei ein geistiger Arzt und jene, die Er von geistigem Unvermögen befreie, seien von Blindheit, Taubheit, Lähmung und vom Aussatz geheilt. Dies war die wahre Bedeutung Seiner Bemerkung am Ende einer Predigt: *„Wer Ohren hat zu hören, der höre"*. Denn ein Hörer kann wohl die gesprochenen Worte Christi vernehmen und dennoch nicht ihren geistigen Gehalt begreifen. Mit anderen Worten: Jesus versuchte allezeit, die geistigen Gebrechen zu heilen. So betrachteten Ihn Seine Jünger als einen Heiler geistiger Krankheiten, aber andere sahen in Ihm jemanden, der sie nur von körperlichen Leiden befreite.

Zweifellos war Jesus fähig, durch geistige Mittel körperliche Gebrechen zu heilen, aber dies hatte nichts mit Seinem eigentlichen Werk als Erlöser zu tun. Andererseits könnten diese geistigen Heilungen, die Er bewirkte, als körperliche Wunder mißverstanden werden, und Er maß ihnen deshalb keine große Bedeutung bei. *„Sehet zu, daß es niemand erfahre"* (21).

Die geistige Sendung Christi wurde sehr bald auf das Materielle bezogen, besonders in bezug auf die Wunder, die Heilung der Blinden und Tauben und das Auferwecken der Toten. Selbst Seine eigene Auferstehung wurde körperlich gedeutet und ihr wahrer Sinn gänzlich verfehlt. Auch kann keine der komplizierten Formen, Zeremonien, Riten und Litaneien der Kirche Christus zugeschrieben werden. Alle sind, von Menschen geschaffen, gefolgert oder erfunden worden.

Mit Recht hat Christus Seine Anhänger gewarnt, daß sich falsche Propheten erheben und Seine Lehren mißdeuten werden, wodurch selbst der ernsthafteste und intelligenteste Seiner Gläubigen getäuscht werde: Denn von Anfang an haben sich Christen in Konzilien, Sekten und Kriegen über christliche Wahrheit gestritten.

Kurz, wenn die Christen sagen: „Unsere Taten mögen fehlerhaft sein", dann sprechen sie die Wahrheit. Wenn sie sagen: „Aber unser Evangelium ist richtig", so irren sie. Die falschen Propheten haben das Evangelium genauso erfolgreich verfälscht, wie sie Handel und Wandel der christlichen Menschen verdorben haben.

(21) Matth. 9,30

5. Kapitel

MUHAMMAD, BEGRÜNDER DER NATIONEN

Es mag als selbstverständlich erscheinen, daß auf die Sendung des Herolds des Königreiches Gottes jener König, den Er angekündigt hat, folgt. Aber dies sollte nicht der Fall sein. Die Schöpfungsgeschichte der Bibel hatte bereits darauf hingewiesen.

Gott hatte schon Abraham wissen lassen, daß die Folge der Propheten durch Ihn sich fortsetzen und nicht nur in Isaak, sondern auch in Ismael Erfüllung finden werde. Im 1. Buche Mose 12, 1—2, lesen wir: „Und der Herr sprach zu Abraham: ... Ich will dich zum großen Volk machen und will dich segnen und dir einen großen Namen machen, und sollst ein Segen sein." Und wieder im 1. Buche Mose 17, 20: „Dazu um Ismael habe ich dich auch erhört. Siehe, ich habe ihn gesegnet und will ihn ... mehren gar sehr. Zwölf Fürsten wird er zeugen, und ich will ihn zum großen Volk machen." Und weiter heißt es (1. Mose 21, 20—21): „Und Gott war mit dem Knaben, der wuchs ... Und er wohnte in der Wüste Pharan und seine Mutter nahm ihm ein Weib aus Ägyptenland."

Er wurde der Stammvater der Völker Arabiens, und die zwölf Prinzen seiner Nachkommenschaft sind als die zwölf Imáme, die Muḥammad folgten, anzusprechen.

Moses bestätigte diese Verheißung, als Er den Juden prophezeite (5. Mose 18, 15): *„Einen Propheten wie mich wird der Herr, dein Gott, dir erwecken, aus dir und aus deinen Brüdern; dem sollt ihr gehorchen."* Dies bezieht sich nicht nur auf das Kommen Jesu Christi, wie man gewöhnlich glaubt, sondern vielmehr auf Muḥammad. Moses hätte das Wort „Same" gebraucht, wenn Er sich auf einen Israeliten bezogen hätte. Das Wort „Brüder" zeigt jedoch an, daß Er auf Isaaks Bruder Ismael anspielte. Er verbindet ausdrücklich den Berg Pharan mit der Linie der Propheten, als Er in Seiner letzten Segenssprechung vor Seinem Hinscheiden die Propheten, die Ihm folgen werden, beschreibt: *„Der Herr ist vom Sinai gekommen* (dies bezieht sich auf Mose Selbst), *und ist ihnen aufgegangen von Seir* (Christus); *er ist hervorgebrochen von dem Berge Pharan* (Muḥammad), *und ist gekommen mit viel tausend Heiligen* (dies bezieht sich auf Bahá'u'lláh)" (5. Mose 33, 2).

Muḥammad andererseits erwähnt im Qur'án (Sure 26, Vers 192—199) die in der Bibel enthaltenen Prophezeiungen über Sein Kommen und erklärt, daß Abraham für Sein Kommen gebetet hat (Sure 2, Vers 118—144), und daß Er (Muḥammad) von Moses vorhergesagt und sowohl in der Thora, als auch im Evangelium beschrieben worden sei.

Der Mensch hatte bis zu jener Zeit gelernt, sich in der Familie, dem Stamm und dem Stadt-Staat zu organisieren. Ehe die Menschheit der Aufgabe gewachsen war, das weit höhere Regierungssystem des Weltgemeinwesens Bahá'u'lláhs zu verwirklichen, mußte zunächst die Kunst der Bildung einer Nation gelehrt werden. Hierin lag, wie der Hüter des Bahá'í-Glaubens in seinem Buch „Der verheißene Tag ist gekommen" (22) schildert, die besondere Aufgabe des arabischen Propheten, dessen Kommen Moses vorhergesagt hatte. Und Bahá'u'lláh sprach in bezug auf diese Aufgabe: *„Von alters her ist geoffenbart wor-*

(22) Engl. Ausgabe „The Promised Day is Come", S. 124

den: ‚Liebe zur Heimat ist ein Bestandteil des göttlichen Glaubens'."

Das Leben Muḥammads war nicht dazu angetan, Seine Sendung zu erleichtern. Er wurde etwa im Jahre 570 nach Christus in Mekka, der Hauptstadt Arabiens, geboren und sah Sich inmitten eines Volkes, das aus hundert kriegerischen Stämmen bestand, die traditionell der Vielgötterei huldigten, bei denen alle Bemühungen, ihnen das Evangelium zu bringen, umsonst waren, und die allein den Kampf als den einzigen Beruf ansahen, für den ein Mann geeignet war. Eine solche Rasse war es, die Muḥammad zum Monotheismus bekehren und zu einer unverbrüchlichen Schar von Brüdern vereinen sollte, zu einer Nation, deren Einheit auf ihrem religiösen Glauben beruhte.

Muḥammad war bereits vierzig Jahre alt, als Er begann, die ethischen Grundsätze, die denen des Alten Testaments ähnlich waren, zu lehren. Er verkündete die Nachfolge der Propheten und Seine eigene Nachfolge von Jesus Christus, Dessen Göttlichkeit und Dessen Evangelium anzunehmen Er Seinen Anhängern zur Pflicht machte. Aber nach wenigen Jahren sah Er Sich durch scharfe und unablässige Verfolgungen gezwungen, Seine Heimatstadt zu verlassen und Sich nach Medina zu begeben, wo Er Sich sogleich an die Ausführung Seiner wirklichen Lebensaufgabe machte, nämlich den Aufbau einer auf geistigen Prinzipien basierenden Nation.

Westliche Gelehrte scheinen darin übereinzustimmen, daß der Nationalismus der eigentliche und schöpferische Beitrag Muḥammads zur menschlichen Entwicklung gewesen ist. Sie alle haben Seine außergewöhnliche Fähigkeit anerkannt, die Er in der Neuordnung und Festigung der wilden Volksstämme Arabiens bewiesen hat. Sir William Muir schrieb beispielsweise: „... Er ersann mit vollendeter Kunstfertigkeit einen Mechanismus, mit dessen anpassungsfähigen Kräften Er allmählich aus den entzweiten und uneinigen Massen der arabischen Rasse ein harmonisches Ganzes formte, einen Volkskörper, der mit neuer Lebenskraft ausgestattet war ... Mit unvergleichlicher Kunst und seltener geistiger Überlegenheit überzeugte Er ganz Arabien, ob Heide, Jude oder Christ, in freiwilliger Hingabe Ihm auf Seinem Pfad zu folgen." (*The Life of Mahomet*, Seite 86) (23).

T. W. Arnold schreibt in seinem Buch „*The Preaching of Islám*" (24) in diesem Sinne: „Die arabischen Stämme waren daher gezwungen, sich dem Propheten unterzuordnen, nicht nur weil er die stärkste Militärmacht Arabiens anführte, sondern weil er der Exponent der Lehre einer Gesellschaftsordnung war, die alle anderen schwach und unwirksam erscheinen ließ. Muḥammad war es gelungen, in der gesetzlosen Gesellschaft seiner Zeit eine Gesinnung nationaler Einheit zu erwecken, ein Rechts- und Pflichtbewußtsein für einander, wie es die Araber zuvor nicht gekannt hatten."

Die hervorstechendsten Merkmale, die Muḥammads System auszeichnen, können in neun Punkten zusammengefaßt werden:

1. Patriotismus war ein Bestandteil des Glaubens.
2. Nur Mohammedaner waren volle Staatsbürger. Minderheiten wie z. B. Christen und Juden waren frei und standen unter Schutz, gehörten aber nicht der Bruderschaft des Islám an.

(23) Smith, Elder & Co., London, 3. Aufl. 1894
(24) Constable, London, 2. Aufl., 1913

3. Eine Sprache für alle wurde zwangsweise eingeführt, und ihre Annahme wurde zur Grundbedingung der Staatsangehörigkeit im mohammedanischen Reich.
4. Es gab keinen Klassenunterschied, und alle Mohammedaner erfreuten sich gleicher Rechte.
5. Es bestand Einheit in religiösem Brauch und religiöser Tradition.
6. Es herrschte Gedankenfreiheit und Harmonie von Wissenschaft und Religion.
7. In einem Rechtssystem waren die gesetzgebenden und rechtsprechenden Organe vom Willen der Regierung unabhängig.
8. Wahre und echte Teilnahme am Leben der Nation war, wie in einer modernen Demokratie, jedem Bürger zugesichert.
9. Es war ein theokratischer Staat.

Eine ursprüngliche Verbindung von Theokratie und Demokratie als gegensätzliche, aber sich ergänzende Theorien scheint eine starke Grundlage für Muḥammads Staatswesen zu bilden. Professor de Santillana erläutert klar in seinem Aufsatz in „*The Legacy of Islám*" (25), wie diese Kombination erreicht wurde. Er zeigt, wie Muḥammad die einst begrenzten Bindungen von Stamm und Familie abschaffte. Wer den Islám annahm, mußte seine eigenen Freunde und Verwandten vergessen und verlassen, es sei denn, sie waren Glaubensgenossen. Alle Bindungen beruhten allein auf Religion. Die Gemeinschaft des Islám war von jeder anderen Gemeinschaft verschieden. Den Auserwählten Gottes war die Förderung des Guten und die Unterdrückung alles Bösen anvertraut. Diese Gemein-

(25) „Law and Society; The Legacy of Islám", Sir Thomas Arnold and A. Guillaume, O.U.P. 1931

schaft war unter den Nationen der einzige Zeuge Gottes und der einzige Vertreter von Gerechtigkeit und Glauben in der Welt. An die Stelle des unpersönlichen Lebens des Stammes trat das persönliche Leben des Einzelnen, dessen Ansprüche und dessen Pflichten sich nicht auf Zugehörigkeit zur Gemeinschaft, sondern auf Verbundenheit mit dem Glauben gründeten. Patriotismus wurde somit zu einem wesentlichen Bestandteil des Glaubens.

„Der Islám ist die unmittelbare Regierung Alláhs, die Herrschaft Gottes ... über sein Volk. ... Alláh ist der Name für die oberste Macht, die im Allgemeininteresse wirkt ... zwischen Alláh und dem Gläubigen steht kein Mittler; der Islám hat keine Kirche, keine Priester, keine Sakramente ... Im Leben und im Tod steht der Mensch allein in der Gegenwart Gottes, ... Dem jede Tat, jedes Wort gegenwärtig ist ... ; für seine Taten wird er allein gerade stehen müssen, und er wird dem Gericht Gottes allein gegenüberstehen ... Der strengste Protestantismus erscheint fast wie eine Priesterreligion im Vergleich zu diesem persönlichen Monotheismus, unnachgiebig und ohne Duldung jeglicher Einmischung zwischen dem Menschen und seinem Schöpfer" (25).

Professor de Santillana führt das islámische Prinzip an: „Zweck der Regierung ist, den Menschen in dieser Welt zum Wohlstand und in der nächsten Welt zur Seligkeit zu verhelfen", und er erwähnt den Ausspruch Muḥammads: *„Der weiße Mensch steht nicht über dem schwarzen und der schwarze nicht über dem gelben; alle Menschen sind gleich vor ihrem Schöpfer."* Ohne Unterschied vor Gott, Angehörige einer großen Familie, in der es weder Freie noch Unfreie, sondern nur Gläubige gibt — so sind die Muslime gleich vor dem bürgerlichen Gesetz. Diese Gleichheit wurde zu einer Zeit verkündet, als sie überall in der christlichen Gesellschaft praktisch noch unbekannt war. Dieses Gesetz, das für alle gilt, beruht im wesentlichen auf Ehrgefühl. Muslime müssen ihr Versprechen halten ... Der Begriff der Ehre ist im wesentlichen ein Begriff religiöser Ethik, der zu einem abstrakten und allgemein gültigen Gedanken erhoben wird. Dieser Ehrbegriff berührt uns geistesverwandter als die feudale und germanische Auffassung der Ehre, die einer persönlichen Lehnstreue entsprang."

Es war offenbar Muḥammads Absicht, den Islám nicht nur in seiner Organisation, sondern auch in seinen internationalen Beziehungen zu einem Vorbild zu machen. Der Prophet bestand darauf, daß der Moslem-Staat seine Verträge als heilig betrachten müsse. *„Ihr, die ihr glaubt"*, so schreibt Er im Qur'án, *„hegt keine Falschheit in euren Verbindlichkeiten, mit eurer eigenen Kenntnis ... Oder wenn ihr von irgendeinem Volk Verrat fürchtet, so weist ihren Vertrag zurück, wie es euch zusteht, denn Gott liebt die Verräter nicht ... Und wenn sie zum Frieden geneigt sind, so seid ihr es ebenso"*. (Sure 8, Verse 27, 60, 63). Er warnt Seine Anhänger, daß, wenn sie mit Ungläubigen einen Vertrag abschließen und die Ungläubigen den Vertrag halten, dann müßten auch sie *„für die ganze Dauer des Vertrages"* ihren Verpflichtungen gegenüber jenen nachkommen; *„denn Gott liebt, die Ihn fürchten. Aber wenn jene nach Vertragsschluß ihre Eide brechen und eure Religion schmähen, so bekämpft die Anführer der Treulosigkeit — denn kein Schwur ist für sie bindend — damit sie davon ablassen mögen."* (Sure 9, Verse 4 und 12). Muḥammad Selbst befolgte in Seiner öffentlichen wie auch in Seiner persönlichen Handlungsweise die Prinzipien der

Gerechtigkeit. Die Feldzüge, die Er leitete, entsprangen im Gegensatz zu irdischen Eroberern keinem Machtdrang oder der Raubgier, sondern waren notwendig, um der Gesetzlosigkeit der Zeit zu begegnen. Sie waren dazu bestimmt, den Glauben und seine Anhänger zu schützen und wurden über diese Notwendigkeit hinaus nicht weiter verfolgt.

Die Ursprünglichkeit solcher praktischen Verordnungen und die Notwendigkeit ihrer Verwirklichung in den willkürlichen internationalen Beziehungen jener Tage ist dem folgenden Auszug aus *„The Spirit of Islám"* (26) auf Seite 209 zu entnehmen:

„Die Römer ... konnten nie die Pflichten internationaler Moral oder Humanität begreifen. Ihre Feldzüge verfolgten den alleinigen Zweck, die umliegenden Nationen zu unterjochen. Die Unverbrüchlichkeit von Verträgen war unbekannt. Nach ihrer Ansicht hatte die Freiheit anderer Nationen nicht die geringste Bedeutung. Die Einführung des Christentums wandelte die Anschauungen ihrer Gelehrten in bezug auf internationale Verpflichtungen nur wenig oder überhaupt nicht. Kriege blieben nach wie vor unmenschliche, blindwütige Ausrottung. ... Das Christentum gab nicht vor, sich mit internationaler Moral zu befassen und ließ seine Anhänger im Dunkeln."

Einer Überlieferung zufolge, die wahrscheinlich auf historischer Tatsache beruht und die im Fall des persischen Königs von Bahá'u'lláh Selbst bestätigt wird, hat Muḥammad von Medina aus an die sechs benachbarten Regenten Freundschaftsbriefe gesandt, in denen Er Seine Prophetenschaft verkündete. Es waren die Kaiser von Byzanz und

(26) Siyyid Ameer 'Alí, „The Spirit of Islám", Christopher, London, Rev. 1922

Persien, der König von Hira, der Herzog von Yemen im Herzen Arabiens, der König von Abessinien, der Gouverneur von Ägypten und der Kaiser von China, das damals (im Jahre 628 n. Chr.) von der T'ang Dynastie regiert wurde und in ein goldenes Zeitalter eintrat. Muḥammad strebte auf diese Weise zwischen Sich und den Herrschern anderer Völker freundschaftliche Beziehungen an und ergriff dabei kühn die Initiative, den Internationalismus auf einer gesunden Grundlage von Gesetz und Gerechtigkeit zu verankern.

Eine göttliche Verordnung im Qur'án lautet: *„Laßt durch euch eine Nation erstehen, die zum Guten ruft."* Und trotz Meinungsverschiedenheiten und Bürgerkriegen verging eine ganze Weile, bis das mohammedanische Gewissen eine Aufspaltung in Nationalitäten duldete, wie es für den Islám unserer Zeit so charakteristisch ist; und die Verbreitung einer einzigen Sprache überall im Reich wurde mit größerer Entschlossenheit und erfolgreicher betrieben, als es jemals die Römer erreicht hatten. Die arabische Sprache beherrschte einst das gesamte islámische Reich von Spanien und Nordafrika bis nach Innerasien und duldete keine Sprachrivalen, wie zum Beispiel das Latein der Römer die griechische Sprache duldete.

Siyyid Ameer 'Alí hat den Beitrag des Islám zu den politischen Wissenschaften in folgendem bemerkenswerten Kommentar zusammengefaßt: „Der Islám hat dem Volk einen Kodex gegeben, der trotz seiner veralteten Einfachheit zur größtmöglichen Entwicklung im Verhältnis zum Fortschritt der materiellen Zivilisation fähig war. Er verlieh dem Staat eine elastische Verfassung, die auf der gerechten Einschätzung der Rechte und Pflichten des Menschen beruhte. Er hielt die Besteuerung in Grenzen, machte alle Menschen vor den Augen des Gesetzes gleich und erhob das Prinzip der Selbstregierung. Er schuf eine Kontrolle über die souveräne Macht, indem er die ausführenden Staatsorgane dem Gesetz unterstellte — einem Gesetz, das auf religiöser Sanktion und moralischen Verpflichtungen beruhte. ‚Die Vortrefflichkeit und Wirksamkeit jedes dieser Prinzipien', bemerkt Urquhart (jeder einzelne Grundsatz könnte seinen Begründer unsterblich machen), verlieh allem anderen seinen Wert; und alles zusammen verlieh dem Staatswesen eine Kraft und Leistungsfähigkeit, die alle anderen politischen Systeme übertraf. Zu Lebzeiten eines einzigen Mannes, und obgleich in den Händen einer wilden, unwissenden und unbedeutenden Bevölkerung, breitete sich dieser Staat weiter aus als alle Besitztümer Roms. Solange es seine ursprünglichen Eigenschaften behielt, blieb dieses Staatswesen unerschütterlich." (27)

(27) Urquhart, „The Spirit of the East", Band 1, Einführung XXVIII; Siyyid Ameer 'Alí, „The Spirit of Islám", Seite 277

6. Kapitel

MUḤAMMAD UND DIE CHRISTEN

Den Christen gegenüber erwies Muḥammad größtes Wohlwollen. Er bestand darauf, daß alle Mohammedaner Christus und Sein Evangelium annehmen sollen und versicherte ihnen im Qur'án (Sure 5, Vers 85), daß von allen Menschen die Christen den Mohammedanern am meisten zugetan seien, und Er nahm die Christen in Seinen besonderen Schutz.

Dies zeigt sich in bemerkenswerter Weise in der Charter, die Muḥammad den Christen im allgemeinen und den Mönchen des Klosters St. Catharina, das nahe dem Berge Sinai gelegen war, im besonderen gegeben hat. Das ursprüngliche Dokument ist durch die Jahrhunderte von den Geschichtsschreibern des Islám sorgfältig bewahrt worden.

Siyyid Ameer 'Alí, der diese Charter im Buch *„Der Geist des Islám"* (Seite 84) anführt, bemerkt, daß sie „mit vollem Recht als eines der vornehmsten Denkmäler erleuchteter Toleranz bezeichnet worden ist, das uns die Weltgeschichte liefern kann", und er weist auf ihre großartige Weitsicht und ihre freizügige Auffassung hin. (28) „In ihr", schreibt er, „sichert der Prophet den Christen Vorrechte und gewisse Freiheiten zu, die sie selbst unter den Herrschern ihres eigenen Glaubens nicht besaßen; und Er erklärte ferner, daß jeder Mohammedaner, der die in

(28) Daß diese Charter die feste Haltung von Toleranz und gutem Willen vertreten hat, die der Prophet den Christen gegenüber zu zeigen gewohnt war, läßt sich an Hand einer ähnlichen Charter für die Christen von Najrán beweisen. Sie wird von Siyyid im gleichen Werk auf Seite 272 zitiert

ihr enthaltenen Verordnungen verletzt oder mißbraucht, als ein Verletzer des göttlichen Testaments, ein Übertreter Seiner Gebote und als ein Verachter Seines Glaubens betrachtet werden soll. Er nahm es Selbst auf Sich und schärfte es Seinen Anhängern ein, die Christen zu schützen, ihre Kirchen und die Wohnstätten ihrer Priester zu verteidigen und sie vor jeglichem Unrecht zu bewahren. Es durften ihnen keine ungerechten Steuern auferlegt werden; kein Bischof sollte aus seinem Bistum vertrieben werden; kein Christ durfte gezwungen werden, seine Religion zu verleugnen; kein Mönch durfte aus seinem Kloster ausgestoßen und kein Pilger an seiner Pilgerreise gehindert werden. Auch war es untersagt, christliche Kirchen abzubrechen, um Moscheen oder Häuser für die Mohammedaner zu bauen. Eine Christin, die mit einem Mohammedaner verheiratet war, durfte ihrer eigenen Religion dienen und aus diesem Grunde keinerlei Zwang oder Belästigung jeder Art unterworfen werden. Sollten Christen Unterstützung benötigen, sei es, um ihre Kirchen oder Klöster instandzuhalten, oder sei es in irgendeinem anderen Zusammenhang mit ihrer Religion, so sollten die Mohammedaner ihnen behilflich sein. Dies war nicht als Teilnahme an ihrem religiösen Leben zu betrachten, sondern stellte lediglich Hilfeleistung in ihrer Notlage dar und stand im Einklang mit den Verordnungen des Propheten, die unter der Machtbefugnis Gottes und Seiner Apostel zu ihren Gunsten erlassen worden waren. Sollten Mohammedaner mit Christen außerhalb ihres Landes in Feindseligkeiten geraten, so sollte kein Christ, der mit Mohammedanern zusammenlebte, auf Grund seines Glaubens mit Verachtung behandelt werden. Jeder Mohammedaner, der einem Christen dennoch solche Behandlung zukommen ließ, würde dadurch dem Propheten Ungehorsam erweisen."

Keinem Christen, der Muḥammads Lehren studiert, kann die Tatsache entgehen, daß Dessen ethisches System viele jener Fälschungen richtigstellte, die sich in den christlichen Glauben des siebten Jahrhunderts eingeschlichen hatten. So lehrte Muḥammad einen betonten Monotheismus anstelle einer dreieinigen Gottheit. Er ließ für jenes Priestertum, das den Geist des Evangeliums so geschwächt und verzerrt hatte, keinen Raum. Er ermutigte und förderte Wissenschaften und Gelehrsamkeit, die von der christlichen Orthodoxie in Bann geschlagen worden waren. Er soll gesagt haben, die Tinte des Wissenschaftlers sei heiliger als das Blut des Märtyrers, und soll Seinen Anhängern aufgetragen haben, wenn nötig bis nach China zu reisen, um Erkenntnis zu erlangen. Er befürwortete nicht das Zölibat, sondern lobte die Eheschließung, das Familienleben und die mit ihm verbundenen Pflichten; durch die Betonung, die Er auf die Einheit aller Gläubigen und auf die höchste Pflicht brüderlicher Treue legte, bewies Er Seine Abscheu vor Abspaltungen.

Die Beziehungen zwischen den zwei großen Glaubensbekenntnissen waren derart freundschaftlich und der geistige Einfluß Muḥammads war so gewaltig, daß die Masse der Christen dazu geneigt war, den Glauben des arabischen Propheten anzunehmen. So erklärt der Báb, die Christen seien nur durch das Versagen ihrer Priester daran gehindert worden, *„denn wenn diese geglaubt hätten, wäre die Masse ihrer Landsleute ihnen gefolgt."* Wäre dieser unglückselige zerstörende Ratschluß jener christlichen Priester nicht gewesen, die Weltgeschichte hätte wahrlich einen anderen Lauf genommen.

7. Kapitel

MUḤAMMADS BÜNDNIS WIRD GEBROCHEN

Muḥammad vollendete Seine Sendung. Aus wenig versprechenden Volksstämmen hatte Er eine vergeistigte Nation geschaffen, wie sie die Welt zuvor nicht gekannt hatte. Sie entfaltete eine Solidarität und Leistungskraft, welche die Menschheit stets mit Bewunderung erfüllt hat. Die Zukunft hing nun von der Treue, der Erkenntnis und geistigen Teilnahme Seiner Anhänger und von der Führung ab, die ihnen von ihren Führern gegeben wurde.

Moses hatte Joshua zu Seinem unmittelbaren Nachfolger bestimmt, und solange Joshua die Israeliten führte, erstrahlte die Sonne Mose hoch am Himmel. Jesus ernannte Petrus als Seinen Nachfolger, ohne ihn jedoch über die Grenzen seiner Befugnis aufzuklären oder einen Nachfolger für Petrus zu bestimmen, soweit ein solcher überhaupt vorgesehen war. Viele offenkundige Anzeichen, deren Bedeutung niemand mißverstehen konnte, deuteten darauf hin, daß Muḥammad Seinen Schwiegersohn 'Alí, allerdings ohne offizielle Ernennung, als Seinen Nachfolger ansah. Er hatte überdies eine Anzahl von Unterredungen mit Ihm, die sich mit der Zukunft Seiner Sache und der Art ihrer Weiterentwicklung befaßten. Muḥammad erklärte ferner unumwunden, daß Seine Familie und Sein Buch Ihm einst nachfolgen würden und gab damit Seinem Schwiegersohn 'Alí das Nachfolgerecht auf den Platz des Propheten.

Aber Gruppentreue, Eifersucht zwischen den Stämmen und persönlicher Ehrgeiz verschworen sich darin, Muḥammads Absichten zu vereiteln. 'Alí, der sich charakterlich und durch seine hervorragenden Fähigkeiten offensichtlich für die von Muḥammad für ihn vorgesehene Stellung eignete, wurde übergangen (29), und der Islám wurde der inspirierten Führung beraubt, die 'Alí ihm hätte sein können, bis es dann zu spät war. Durch diesen Bündnisbruch wurden der Geist und die Bedeutung des islámischen Glaubens herabgesetzt, geschwächt und vergiftet. Die Spaltung wuchs, die Familie des Propheten wurde ihres Besitzes enteignet, und bald darauf errang die einflußreiche Umayyad-Sippe, die Muḥammad am erbittertsten entgegengetreten war, die Vorherrschaft. Sie mißbrauchte den Islám, um ein arabisches Weltreich zu beherrschen und schenkte der Religion und den Geboten des Propheten wenig Beachtung.

'Abdu'l-Bahá hat diese Sippe das Ungeheuer aus der Schlangengrube genannt, die das geistige Leben des Islám bekämpft und erschlagen hat und von der Religion Muḥammads nur die Gebete und Fastenregeln übrigließ. All die Gerechtigkeit, Rechtschaffenheit, Gnade und alle Tugenden, die der Prophet im Islám niedergelegt hatte, waren unwiderruflich verloren.

Ohne die Führung der Familie Muḥammads und von den Nachkommen der Feinde Muḥammads regiert, wurde der Islám zu einem weltlichen Staat, dessen Herrscher die Religion für weltliche Zwecke nutzten. Die ursprünglichen Pläne Muḥammads sind bis auf den heutigen Tag unbekannt geblieben, doch kann man sich ihren allgemeinen Charakter unschwer vorstellen.

Dieser abscheuliche Bündnisbruch zerstörte zugleich jede Möglichkeit, Muḥammads Liebe für die Christenheit,

(29) Man sagte, er sei zu jung

die Er während Seines Wirkens in so vornehmer Art gezeigt hatte, weiterzuentwickeln; und so nahmen die Beziehungen zwischen diesen beiden großen Zivilisationen ihren tragischen Verlauf. Bis auf den heutigen Tag stören sie die Weltordnung und verhindern die Begründung jener brüderlichen Einheit, die Christus und Muḥammad beide herbeigesehnt hatten.

8. Kapitel

CHRISTENTUM UND ISLÁM

Der Islám hatte seine geistigen Kräfte größtenteils eingebüßt und setzte nunmehr seinen Schaffensdrang hauptsächlich für weltliche Zwecke ein. In seinen Eroberungszügen vertrieb er die Christen aus Palästina, Nordafrika und dem größten Teil Spaniens, wurde aber in Frankreich in der Schlacht bei Tours zum Stehen gebracht. Die westliche Christenheit andererseits fiel ins dunkle Mittelalter zurück und lebte jahrhundertelang fast in Barbarei.

'Umar und die ihm nachfolgenden Kalifen dehnten das mohammedanische Reich in kurzer Zeit von den Säulen des Herkules bis nach Calicut aus. Inmitten einer in Dunkelheit gefangenen und trägen Welt erblühte wie durch Zauber eine glänzende Zivilisation. Im Jahre 760 n. Chr. verlegten die islámischen Herrscher die Hauptstadt von Damaskus nach Baghdád und begründeten am Ort einer alten christlichen Niederlassung eine Stadt, die zugleich das Kultur- und Handelszentrum der Welt wurde und dies durch fünf Jahrhunderte hindurch blieb. Alle Phasen der Zivilisation, wie man sie damals kannte, fand man dort vereint und erneuert, und in vielen Fällen erreichten sie nie zuvor dagewesene hohe Entwicklungsstufen, zum Beispiel in der Sprache, der Literatur, den Künsten, den praktischen und theoretischen Wissenschaften, in Handel, in Verkehr und der Seefahrt, in Erfindungen und Industrie, im Rechtswesen und den Regierungskünsten. Die Literatur in allen ihren Ausdrucksformen erhielt einen besonders hervorragenden Platz, weil der Qur'án selbst als ein literarisches Wunder betrachtet wurde und die Araber auf ihre Sprache, die sie als die einzig vollkommene Sprache ansahen und die selbst von heutigen Wissenschaftlern als eine der größten intellektuellen Leistungen des Menschen betrachtet wird, ungemein stolz waren. Schulen und Universitäten wurden gegründet und von Studenten aller Herren Länder besucht. Es wurden über die verschiedensten Themen großartige Werke geschrieben und in umfangreichen Bibliotheken Hunderttausende von Bänden gesammelt. Die Kalifen durchforschten die ganze Welt nach neuem Wissen. Sie sandten besondere Expeditionen aus, die manche Kunde und Weisheit von fernen Ländern und alten Zeiten zurückbrachten. Eine wahre Armee von Übersetzern schrieb griechische, ägyptische, indische und jüdische Werke ins Arabische um. Die Grammatik und ihre Gesetze wurden mit großer Sorgfalt studiert, Wörterbücher, Lexika und Enzyklopädien wurden in riesigem Umfang bearbeitet. Von China wurde Papier und aus Indien ein neues Nummernsystem (das allgemein als die arabischen Ziffern bekannt ist) eingeführt. Arabisch wurde zur universalen Sprache. Die Kalifen holten Literaten von internationalem Ruf an ihre Höfe. Gelehrte und Philosophen, Dichter und Grammatiker aus den verschiedensten Ländern fanden sich in den großen Büchereien der Hauptstadt zusammen.

Die Fortentwicklung der praktischen und theoretischen Wissenschaften hielt mit der Literatur Schritt. In experimenteller Wissenschaft, Medizin und Chirurgie, in Chemie, Physik, Geographie wie auch in Mathematik und Astronomie, standen die Araber in der damaligen Welt an führender Stelle. Sie entwickelten eine neue und vortreffliche Architektur, die sich durch ihre Kombination von graziler

Anmut und kraftvoller Gediegenheit und durch die Nutzung des Lichtes auszeichnete. Den Einfluß dieses Baustils kann man über Indien bis nach Java und China, in Afrika bis zum Sudan und überall in Rußland verfolgen. Sie entwickelten ferner viele Industriezweige und verbesserten Methoden der Landwirtschaft und des Gartenbaues. Auf ihren Handelsflotten führten sie den Schiffskompaß ein, und ihre Karawanen unterhielten lebhaften Handel mit allen Provinzen des Reiches und brachten Waren aus Indien, China, Turkestan, Rußland, Afrika und selbst vom Malayischen Archipel.

Die Pracht Baghdáds mit seinen Moscheen und Palästen, seinen Tempeln der Wissenschaften und duftenden Gärten wurde in den kleineren Zentren der islámischen Welt nachgeahmt, wie zum Beispiel in Basra, Bokkara, in Granada und Cordoba. Es wird berichtet, daß Cordoba auf der Höhe seines Wohlstands über 20 000 Häuser und über eine Million Einwohner zählte, und daß man nach Einbruch der Dunkelheit fünfzehn Kilometer weit in derselben Richtung auf gepflasterten und hellerleuchteten Straßen spazierengehen konnte. Doch in Europa gab es selbst Jahrhunderte später weder in Paris gepflasterte Straßen noch in London Straßenbeleuchtung.

In Cordoba wurde die erste Universität Europas gegründet, und eine große Zahl christlicher Gelehrter studierte dort. Unter ihnen befand sich Gerber, der spätere bedeutende Papst Sylvester II. von Rom.

Trotz der Spannungen zwischen dem Christentum und dem Islám übte diese weit vorangeschrittene Zivilisation ihren unvermeidlichen Einfluß auf das Leben und Denken Europas aus. Durch den mohammedanischen Vorposten in Sizilien, den Glanz des mohammedanischen Spaniens, durch die Intelligenz der Gelehrten und die wissenschaftlichen Quellen der mohammedanischen Universitäten sowie durch Händler, Diplomaten, Reisende und durch Soldaten, Seefahrer und zurückerobertes Landvolk wurden neue Ideen, Techniken und Einstellungen vom Islâm in Westeuropa übernommen.

Dann kam der Tag des Jahres 1094, an dem der Papst die Ritter und Gläubigen der Christenheit aufrief, sich aufzumachen und die Scharen der Sarazenen aus den geheiligten christlichen Stätten, von denen sie Besitz ergriffen hatten, zu vertreiben und den christlichen Glauben wieder an seiner ursprünglichen Heimstätte aufzurichten. Sein Ruf brachte ganz Europa auf die Beine, und fast zweihundert Jahre lang forderte das Auf und Ab dieses riesenhaften Krieges zwischen Europa und Asien, Christen und Ungläubigen, Westen und Osten viele Millionen Opfer, verbreitete unendliches Elend und verschleuderte unermeßliche Werte. Die Christen mußten sich am Ende nach schimpflicher und vollständiger Niederlage zurückziehen, und der Islâm blieb nach wie vor im Besitz aller Heiligen Stätten.

Es war jedoch Europa und nicht Arabien, dem dieser Kampf Gewinn einbrachte, denn die Kreuzzüge hatten neue Wege geöffnet, auf denen das Wissen von der mohammedanischen Kultur nach Europa gelangte. Zweihundert Jahre lang reisten die führenden Männer Europas zwischen den beiden Kontinenten hin und her und gewannen nicht allein an Ort und Stelle Kenntnis über die große Kultur in Syrien, sondern erlangten zugleich eine unabsehbare Emanzipierung des menschlichen Geistes.

Unter diesen von vielen Seiten vorgetragenen neuen Impulsen aus dem Osten mußte die Umnachtung der mittelalterlichen Kirche Westeuropas allmählich weichen, und beim Anbruch der Renaissance wurde sie schließlich völlig überwunden. Die Renaissance war tatsächlich ein Ausdruck jener *„joie de vivre"* (Lebensfreude), die Europa von den Arabern gelernt hatte, und aus der Renaissance flossen jene Charakterzüge der islámischen Kultur, mit deren Hilfe die erwachten Europäer eine reichere, glücklichere und zielstrebigere Zivilisation zu bauen begannen, als sie sich je zuvor erträumt hatten.

Die Christenheit hat lange Zeit gebraucht, um zu erkennen und einzusehen, was unsere westliche Zivilisation dem Osten schuldet. Aber die Tatsachen unserer kulturellen Verschuldung sind in großen Buchstaben in die Geschichte eingeschrieben, und nur Vorurteil kann uns dazu verleiten, diese Tatsache zu verkleinern (30).

„Laßt uns jene zwei Zivilisationen betrachten", schrieb Seignobos in seiner *„Histoire de la Civilization au Moyen Age"*, „die im elften Jahrhundert die Welt des Altertums geteilt haben. Im Westen: elende kleine Städtchen, die Hütten der Landbevölkerung und große Festungen; ein Land, das ständig von Kriegen heimgesucht wurde, und in dem man kaum zehn Meilen reisen konnte, ohne Gefahr zu laufen, ausgeraubt zu werden. Und im Orient: Konstantinopel, Kairo, Damaskus, Baghdád mit ihren Mar-

(30) 'Abdu'l-Bahá empfiehlt beim Studium dieses Gegenstandes das Buch von G. Ducoudray *Histoire de la Civilization*, Paris 1886, Seite 1104, und schreibt darüber: „Monsieur Ducoudray beschreibt und beweist, wie die ganze Zivilisation Europas auf den Gesetzen, Regeln und Prinzipien, der Literatur, Philosophie, den Einrichtungen und den Sitten des Islám aufgebaut ist und wie zahlreiche Wörter der französischen Sprache aus dem Arabischen stammen. Er hat jeden einzelnen Punkt eingehend untersucht und sogar die Daten belegt, an denen die verschiedenen Werte vom Islám übernommen worden sind." (*Mysterious Forces of Civilization*, S. 105/106)

morpalästen und Manufakturen, ihren Schulen und Bazars, ihren Dörfern und dem unentwegten Strom der Kaufleute, die in Sicherheit und Frieden von Spanien bis nach Persien reisten. Es besteht kein Zweifel, daß die mohammedanischen und byzantinischen Welten reicher waren, eine bessere Polizei hatten und besser beleuchtet waren als die westliche Welt. Im elften Jahrhundert wurden diese beiden Welten erstmalig miteinander bekannt. Die barbarischen Christen kamen auf zwei Weisen — durch Kriege und durch Handel — mit den zivilisierten Mohammedanern in Berührung. Und durch den Kontakt mit dem Orientalen wurde der Abendländer zivilisiert." (31)

(31) Siehe Seignobos *History of Mediaeval Civilization*, S. 117 bis 118 wegen näherer Einzelheiten

9. Kapitel

DER AUFSTIEG DES MODERNEN EUROPA

Die Zivilisation des modernen Europa nennt man gewöhnlich christlich par excellence, und man hält Europa unter den weniger aufgeklärten Völkern des Ostens für den besonderen Treuhänder christlicher Wahrheit. Dennoch hören wir im 20. Jahrhundert, da die geistige Erntezeit gekommen ist, wie 'Abdu'l-Bahá über den Westen und den Osten schreibt: „*Sie haben sich eingebildet, sie seien auf dem höchsten Gipfel des Fortschritts und des Wohlstandes angelangt, während sie in Wirklichkeit in die tiefsten Tiefen der Achtlosigkeit gefallen und sich völlig der gnadenreichen Gaben Gottes beraubt haben.*" Sie hätten sich auch weder die schreckliche Krisenzeit vorstellen können, die der westlichen Zivilisation bevorstand, noch die gewaltigen Prüfungen und den Druck, denen diese unterworfen werden sollte.

Die wahre christliche Zivilisation ist in Wirklichkeit nicht die des westlichen Europa, sondern gehört dem Zeitalter Konstantins an, das die Lehren Christi viel vollendeter wiedergab und vom religiösen Geist der frühen Kirche inspiriert war. So kurz diese Zivilisation auch währte, so hat 'Abdu'l-Bahá dennoch von ihr gesagt, sie sei *zu jener Zeit* die beste und aufgeklärteste gewesen. Zu ihren guten Taten und frommen Werken gehörten u. a. die Gründung von Invalidenheimen, Krankenhäusern und Einrichtungen öffentlicher Fürsorge. Die meisten Gläubigen erreichten einen hohen Grad moralischer Vervollkommnung, fürchteten den Tod nicht, sehnten sich nach Weisheit und Gerechtigkeit und waren bereit, persönlichen Gewinn aufzugeben und statt dessen Gottes Wohlgefallen zu suchen und ihr Leben der Unterrichtung und Erziehung des Volkes zu widmen. Kaiser Konstantin selbst war der erste im römischen Reich, der ein öffentliches Krankenhaus gründete, in dem die Armen, die keine Angehörigen hatten, behandelt wurden. Er war der erste römische Kaiser, der sich mit Herz und Seele dem christlichen Glauben widmete. Er verkündete mit Entschlossenheit die Prinzipien des Evangeliums und führte Gerechtigkeit und Mäßigung in die Amtsregeln der römischen Regierung ein, die zuvor wegen ihrer Ungerechtigkeit und Unterdrückung berüchtigt gewesen war.

Doch im dunklen Mittelalter und auch später zeigte das Christentum größeres Interesse für Riten und doktrinäre Satzungen als für moralisches Verhalten. Es wird mit Recht gesagt, daß seit der Zeit des Heiligen Franz von Assisi sich keine christliche Reformbewegung mit der Reform christlichen Verhaltens, sondern nur mit Lehrsätzen und Riten befaßt habe. Selbst die Reformation hatte sich trotz ihrer großen, tiefgehenden und dauerhaften Folgen weniger mit der Besserung der Moral als mit der Abschaffung ritueller Mißbräuche befaßt.

Der Aufbau einer neuen abendländischen Zivilisation war stets heftiger Opposition seitens der christlichen Kirche ausgesetzt, die seit Jahrhunderten eine völlig starre Haltung eingenommen hatte und gegen jeden fortschrittlichen Gedanken und jede fortschrittliche Handlung schärfste Einwände erhob. Als die europäische Kultur ständig Fortschritte machte, schlug dieser dogmatische Stillstand in heftige Reaktion um und der Geist der Kirche wurde zum Feind jeglicher weiteren Entwicklung. Vor der Zeit Muḥammads hatte sich die Kirche sowohl jeder menschlichen Prüfung und Logik als auch dem wissenschaftlichen Geist entgegengestellt. Muḥammad hatte Wissenschaften, Studium und Vernunft gelehrt und gefördert, und als die Kirche in ihrer Opposition nicht nachließ, entfremdete sie sich bald immer mehr dem menschlichen Fortschritt.

Die Zivilisation des Westens, die aus dem Zusammenprall des Islám mit dem Christentum hervorging, erwies sich als eine Zivilisation von ungeheurer und ständig zunehmender materieller Macht. Ihre Herrschaft breitete sich in beispielloser Weise auf wirtschaftlichem, politischem und militärischem Gebiet über die restliche Welt aus. Die Ausbreitung ihrer geistigen Einflüsse ließ jedoch zu wünschen übrig. Selbst als der Westen im 18. und 19. Jahrhundert gewaltige Summen ausgab und Hunderte, ja, Tausende von Missionaren aussandte, war doch sein Mißerfolg, die Welt zu christianisieren, ebenso offenkundig, wie der erfolgreiche Aufbau seiner wirtschaftlichen Vorherrschaft. Wenn man die Zeitspanne vom 12. bis zum 20. Jahrhundert betrachtet, erkennt man den Grund hierfür. Die Initiative beim Aufbau dieser großartigen Kultur war weder von der Kirche noch von religiöser Begeisterung getragen, wie es in der ersten, echten christlichen Zivilisation zur Zeit Konstantins der Fall gewesen war. Es handelte sich hier um eine weltliche Bewegung, die der plötzlichen und gründlichen Emanzipierung menschlichen Geistes entsprang und von Laien ausging. Die Kirche war zu Beginn dieser Zeit noch immer die Kirche des dunklen Mittelalters. Weltlich gesinnte Menschen hatten über sie Kontrolle gewonnen und waren entschlossen, diese zu behalten. Unbeeinflußt von dem sich wandelnden Geist der Zeit standen sie in Opposition zu der ganzen fortschrittlichen Bewegung, die ein neues, erwachtes und aktives Europa schuf. Sie duldeten weder geistiges Suchen noch freies Denken. Beides war in ihren Augen absolute Ketzerei. Obgleich Petrus schrieb *(1. Petrus 3, 15)* „. . . Seid allezeit bereit zur Verantwortung jedermann, der Grund fordert der Hoffnung, die in euch ist . . ."; obgleich Paulus ebenfalls schrieb „. . . prüfet alles und das Gute behaltet." *(1. Tess. 5, 21)* und selbst entsprechend handelte: „und er lehrte in der Schule an allen Sabbaten und beredete beide, Juden und Griechen" *(Apost. 18, 4)* und „wie Paulus gewohnt war, ging er zu ihnen hinein und redete mit ihnen an drei Sabbaten aus der Schrift" *(Apost. 17, 2)*; und obwohl Christus Selbst die Menschen lehrte, ihren Verstand zu gebrauchen, um mit ihm ihren Glauben zu stärken, *„So denn Gott das Gras auf dem Felde also kleidet, das doch heute steht und morgen in den Ofen geworfen wird: sollte er das nicht vielmehr euch tun, o ihr Kleingläubigen?" (Matth. 6, 30)*, so erachteten dennoch die religiösen Instanzen jener Zeit (und viele auch noch heute) logisches Denken und freies Forschen als falsch. Sie legten kategorisch fest, daß die Glaubensregeln unumstößlich wären. Sie seien ein für allemal den Heiligen gegeben worden und dürften nicht angerührt, geschweige denn geändert werden.

Unter der Herrschaft derartiger Ansichten konnte sich unmöglich eine göttlich inspirierte Wissenschaft entwickeln, die imstande gewesen wäre, als Gegenstück zu der rein materiellen Wissenschaft das Gleichgewicht herzustellen. Verbalismen, sterile Dogmen und Rätsel, die Gegensätze schaffen, aber keinesfalls das Gemüt erleuchten konnten, traten an die Stelle echten Forschens nach geistiger Wahrheit und wahrer Untersuchung der tiefen Geheimnisse der menschlichen und göttlichen Natur. So eingefleischt war die Feindschaft der religiösen Autoritäten des Christentums gegenüber dem Geist der Wahrheit und dem Streben nach Wissen, daß ein vorsichtiger Historiker folgendes schrieb:

> „Bis zum 17. Jahrhundert wurde jede gedankliche Einstellung, die nach Ansicht der Philosophie Grundbedingung für jedes echte Forschen ist, fast durchweg als Sünde gebrandmarkt und ein Großteil der tödlichen, verstandesmäßigen Fehler mit Vorbedacht als Tugenden herausgestellt ... Mit einem Wort ... es gibt kaum eine Regel, die der Verstand für den Erfolg des Denkens als notwendig erachtet, welche nicht von den Theologen jahrhundertelang als gottfeindlich gebrandmarkt worden ist." (32)

Die kirchlichen Stellen stützten ihre Ansichten durch Verfolgungen, deren Rechtfertigung sie mit der Theorie der moralischen Schuld des Irrtums begründeten.

'Abdu'l-Bahá sagte einmal, die Vernunft sei der Thron des Glaubens. An einer anderen Stelle verglich Er die Vernunft mit einem großen, dem Himmel zugewandten Spiegel, der aber nichts widerspiegle, weil er in Dunkelheit gehüllt sei. Glaube, so sagte Er, sei wie das Sonnenlicht, durch welches der Spiegel Eindrücke aufnehmen und all die himmlischen Wahrheiten, die vor ihm liegen, widerspiegeln könne. Diese symbolische Erklärung entspricht genau der christlichen und der Bahá'í-Ansicht von Vernunft und Glauben, jedoch nicht der Ansicht traditioneller orthodoxer Gläubigkeit, die eine rein menschliche Auffassung ist.

(32) Lecky, „History of the Rise and Influence of Rationalism in Europe"; Kap. 4, Teil II, Seite 87—88. Longmans, London 1892

Die ganze Einstellung in bezug auf Ketzerei, Dogma, Forschung, Vernunft und dergleichen war von der Autorität einer großen Institution gestützt; doch Jesus hatte keine spezielle Einrichtung geoffenbart und alle Institutionen, groß oder klein, alt oder neu, hat menschlicher Verstand von diesem oder jenem Ausspruch oder vom Text des Evangeliums abgeleitet. Weder heute noch zu irgendeiner anderen Zeit kann irgendeine Kirche auf eine Darlegung im Evangelium hinweisen, die ihre Grundsätze und die Regeln ihrer Nachfolge bestimmt, um damit ihre Kritiker zum Schweigen zu bringen. Das gesamte System beruht auf reiner Spekulation. Keine einzige Einrichtung der Christenheit kann behaupten, daß sie in direktem Einvernehmen mit dem ausdrücklichen Gebot Christi im Evangelium geplant und errichtet worden wäre. Alle sind von Menschenhand erschaffen.

Orthodoxes Glauben und Handeln anstelle von Loslösung oder moralischer Rechtschaffenheit waren zum Kriterium der leitenden religiösen Stellen geworden. Ihre Begeisterung blieb größtenteils auf das Beharren auf Lehren, Doktrinen und Spekulationen beschränkt, die, wie ihr eigenes Gebäude, von ihnen selbst erdacht worden waren und um die Streitgespräche geführt wurden, die niemand endgültig klären konnte. Viel weniger klammerte man sich an die hauptsächlichen ethischen Lehren Christi und deren Befolgung. Keine Kirche hat zum Beispiel je die Worte Jesu an Seine eigenen Jünger zum Prüfstein des Glaubens ihrer Anhänger gemacht: *„Dabei wird jedermann erkennen, daß ihr Meine Jünger seid, so ihr Liebe untereinander habt." (Joh. 13, 35)*

Europa hat infolgedessen nie in Ruhe, voll guten Willens und in Einigkeit gelebt, sondern war voller Unterdrückung, Elend, Streit und Unruhe. Die Sache der Religion ist von den übelsten Verletzungen der Ethik des Evangeliums getragen worden.

Die traditionelle Religion Europas wich in ihrer Art und ihren Auswirkungen von der des Evangeliums so weit ab, daß sie zur Hauptursache unchristlichen Fühlens und Handelns wurde. Sie förderte dagegen Haß und Spaltung, Unzufriedenheit, Streit, Grausamkeit, Ungerechtigkeit und die Unterdrückung der Wahrheit und des Denkens. Sie nahm Verfolgungen vor, verbrannte auf dem Scheiterhaufen, merzte Ketzer aus und unterdrückte die Wahrheit mit roher Gewalt. 'Abdu'l-Bahá bemerkte hierzu in einer Ansprache am 17. August 1912 in Green Acre im Staate Maine in den USA.: *„900 000 Märtyrer der protestantischen Glaubensrichtung waren das Ergebnis der Meinungskonflikte zwischen jenem Teil der Christenheit und den Katholiken. Lest in der Geschichte nach, und ihr werdet es bestätigen."* (33)

Aber nun tat sich eine weitere Differenz zwischen der Haltung der Kirche und der aller fortschrittlichen Menschen auf und vertiefte sich ständig. Die Kirche wandte sich gegen den Aufbau von Nationen, welcher der Hauptbeitrag Muḥammads zur menschlichen Entwicklungsgeschichte war und der für den Aufbau der westlichen Zivilisation von ebenso großer Wichtigkeit sein sollte, wie er es für den Islám gewesen ist.

Die Interessen von Kirche und Staat sind in der christlichen Geschichte nie so harmonisch vereint gewesen wie unter Muḥammad. Vier verschiedene Arten der Beziehung zwischen Kirche und Staat sind versucht worden: Erstens

(33) „Promulgation of Universal Peace", Bahá'í Temple Unity, Chicago, 1922, S. 259

die von Rom, wo die Kirche über dem Staat steht; zweitens die in Preußen, wo der Staat über der Kirche steht; drittens die in England, wo Kirche und Staat Seite an Seite als zwei verschiedene Aspekte eines Gemeinwesens fungieren; und schließlich das von den Vereinigten Staaten angenommene System, in dem die Kirche lediglich als eine freiwillig aufgenommene Verbindung des einzelnen betrachtet wird und mit dem Staat selbst in keinem offiziellen Zusammenhang steht.

Keine dieser vier verschiedenen Beziehungen hat sich als befriedigend erwiesen. Es blieb dem Bahá'í-Glauben vorbehalten, eine Struktur des nationalen Lebens zu entwickeln, in der Staat und Religion in Vollkommenheit vereint und in Einklang gebracht werden können.

Die Entwicklung des Nationalstaates war für Europa eine große moderne Tat. Sie hat der Förderung von Wissenschaft und Industrie und dem Ausblick des einfachen Bürgers ungeheure Vorteile gebracht. Sie hat dem nationalen Leben eine Freiheit und Macht verliehen, die von keiner früheren Gesellschaftsform erreicht worden sind. Diese Vorteile sind jedoch t r o t z der Kirche gewonnen worden, und heute ist das Ergebnis dieses Kampfes die Demütigung der Kirche und sehr häufig die Verweltlichung des nationalen Lebens.

So sind nicht nur das Ansehen und der Einfluß der Kirche erniedrigt worden, sondern damit auch das Ansehen und der Einfluß der Religion; und gleichzeitig wurde der Materialismus gestärkt und erhöht. Der gesamte Fortschritt unserer westlichen Zivilisation hat deshalb nicht zur Stärkung des Christentums beigetragen, sondern gerade das Gegenteil bewirkt.

10. Kapitel

DAS REICH GOTTES BRICHT AN

Zu Beginn des 18. Jahrhunderts ergoß sich ein neuer Einfluß über Europa und machte sich in der Gedankenwelt aller Menschen bemerkbar. Dieser Einfluß zeigte sich in einer neuen Zuversicht, in neuem Unternehmungsgeist und im Bewußtwerden einer neuen Kraft. Auf der Suche nach dem Goldenen Zeitalter pflegte man bisher in die Vergangenheit zu blicken und in alten Zivilisationen nach einem Ideal und Beispiel zu suchen. Gelehrte, Historiker und Religionswissenschaftler hatten bisher auf Athen, Rom und Palästina zurückgeblickt. Nun aber blickten sie auf die Gegenwart und in die Zukunft und waren bestrebt, aus eigener Initiative heraus die Welt besser, reicher und inhaltsvoller zu gestalten.

Dies war das Zeitalter des Beginns der Industrialisierung. Das Aussehen der Welt und die Lebensweise des Menschen wurden grundlegend gewandelt. Idealisten träumten von Reformen und erstrebten sie nicht nur auf nationaler, sondern auch auf universaler Ebene. In allen Phasen des Lebens strebten neue Hoffnungen nach ihrer Erfüllung. Im weiteren Verlauf des Jahrhunderts kamen Hinweise auf den Ursprung und die Bedeutung dieses allgemeinen Impulses zum Vorschein.

Die Juden hatten seit dem ersten und zweiten Jahrhundert nach Christus in territorialer und politischer Hinsicht aufgehört, eine Nation zu sein, aber kein Volk hielt mit größerer Entschlossenheit am Nationalbewußtsein fest als sie. Nachdem sie zuerst im Jahre 70 n. Chr. unter Titus nach der Einnahme von Jerusalem und etwa 60 Jahre später unter Hadrian mit noch größerer Rücksichtslosigkeit aus dem Heiligen Land verstoßen worden waren, lebten sie fast über alle Nationen der Erde zerstreut und erduldeten beinahe sechzehn Jahrhunderte lang Erniedrigungen und Elend aller Art. Doch im 18. Jahrhundert regte sich unter ihnen erstmals ein nationales Leben. Die Zeit der jüdischen Renaissance war gekommen. In Europa und Amerika gab ihnen eine Nation nach der anderen langsam Rechte zurück, die ihnen viele Jahrhunderte hindurch versagt geblieben waren. Im Jahre 1723 gab ihnen Ludwig XV. Anrecht auf Grundbesitz in Frankreich. Im gleichen Jahre erkannte England sie als Staatsbürger an. Im Jahre 1738 gestattete Karl VI. von Dänemark den Juden, jedem gewünschten Handwerk nachzugehen. 1750 duldete Friedrich II. die Juden in seinem Reich. Joseph II. von Österreich öffnete 1780 den Juden die Schulen und Universitäten seines Reiches und erlaubte ihnen das Handwerk und die Errichtung von Manufakturen. Und im Jahre 1788 bestellte Ludwig XVI. von Frankreich eine königliche Kommission, „um die Prinzipien der Rechtsprechung und alle Gesetze, die Juden betreffen, zu ändern". Man könnte noch viele solcher Beispiele anführen.

Die Vereinigten Staaten von Amerika waren die erste Nation, die in ihren Gesetzen und Prinzipien festlegte, daß Heiden und Juden vor dem Gesetz die gleichen Rechte und Freiheiten hätten (1776 n. Chr.).

Diese stetige Entwicklung setzte sich durch das 19. Jahrhundert hindurch fort. Das Jahr 1844 war dabei von besonderer Bedeutung, da in diesem Jahre die türkische Regierung den Juden überall im Ottomanischen Reich Schutz vor Verfolgung zusicherte. Dies schloß das Heilige Land mit ein, obgleich der Sultan ihnen erst 1867 das Recht verlieh, im Lande ihrer Väter Grund und Boden zu besitzen.

Könnte alles dies eine andere Bedeutung haben, als das Bevorstehen der Wiederkehr Christi?

Gleichzeitig mit dieser Emanzipierung der Juden im 18. Jahrhundert floß der Impuls einer neuen geistigen Kraftwelle in die Gedankenwelt des europäischen Menschen. Die Anfänge dieses Impulses lassen sich kaum nachweisen. Er brachte den Menschen aber einen Geist neuer Hoffnung und Unternehmungslust, Glückhaftigkeit und schöpferischer Kraft. Um die Jahrhundertwende und zu Beginn des 19. Jahrhunderts zeigte sich dieser ständig zunehmende Kräftestrom immer mehr als der Anbruch eines neuen Zeitalters auf Erden, den von Gott bestimmten Beginn einer neuen und besseren Welt und in christlichen Kreisen als die bevorstehende Wiederkehr Christi und das Kommen des Königreiches Gottes.

Der Dichter Wordsworth gibt uns einen ausgezeichneten Bericht jener neuen, schöpferischen Freude, die zu jener Zeit in geheimnisvoller Weise die Welt umfing, und er schreibt über die Zuversicht in allen Herzen:

„O Wonneleben dort im Morgenglanz!
O himmlisch, jung zu sein! O welche Zeit, . . .
da die Vernunft ihr Recht zu wahren schien,
da sie sich gab als höchste Zauberin,
da kraftvoll sie die Taten unterstützte,
die dann in ihrem Namen vorwärts trieben!
Nicht Weihestätten nur, dem Erdenrund
ward der Verheißung Schönheit. Das erhöht —
wie es in Paradieseslauben selbst

in manchem Augenblick zu spüren ist —
der Rose Knospen über Blüt und Pracht.
O, welch Gemüt erwachte nicht zum Glück,
wie nie geahnt, bei solcher Schau! Der Träge
erhob sich und den Schnellen riß es hin!
Sie fanden Beistand ihrem Herzenswunsch
und Stoff genug, so bildsam wie begehrt.
Der Ruf erscholl: Nun zeiget eure Kunst —
nicht in Utopia, im Hades nicht
noch fern auf Inseln, weiß der Himmel wo —
nein, hier in dieser Welt, in dieser Welt,
die unser aller ist, der Stätte, da
das Glück wir finden — oder nirgendwo."

„Preludium", 11. Buch
(siehe auch Wordsworth's „Excursion")

Doch gegen Ende des 18. und zu Beginn des 19. Jahrhunderts sprach die Erkenntnis geistig denkender Menschen eine noch klarere Sprache. Ein Ausbruch der Lyrik begrüßte das Herannahen des Reiches Gottes.

„Der Morgen dämmert und die Nacht ist um.
Erwacht! Blickt um euch! Denn ich höre
den Ruf der neuen Zeit wie Wogenchöre.
Ich schau in Glorie ein Millenium,
und kaum ein Ende, das die Weite störe."

Frederick Tennyson (1807—1898)

„So wird es sein: Der Mensch so klar,
so edel, wie der Welt noch nie entstammt;
in seiner Seele hohe Freiheit flammt,
und Weisheit leuchtet aus dem Augenpaar.

Und neue Künste, die erhabener glühen,
und hehre Musika steigt himmelwärts
und Lobgesang durchströmt das Herz.
Die Erde wird zum Paradies erblühen."

J. A. Symonds (1840—1893)

„Der Tag des Herrn ist da, ist da!
Der Himmel bebt im Sturm.
Es hungert auf seinem Berg von Gold
und stöhnt der Erdenwurm.
Doch vor dem Morgen ist noch die Nacht.
Schwer ist der Schmerz, eh' ein Kind uns lacht.
— Der Tag des Herrn ist da!

Wer sitzet herum und klagt um sein Gold,
wenn die Zeit des Herren tagt?
Das Herz jubelt auf bei Gottes Ruf
und, wer leiden kann, der wagt.
Alles Alte war Gold und Eisen zugleich,
die Heiligen werden an Mühen reich,
denn der Tag des Herrn ist da."

Aus Charles Kingsley
„Der Tag des Herrn" (geschrieben 1848/49)

Die Begeisterung der Poeten griff über den Atlantik. Sie beeinflußte Whittier und ließ Julia Ward Howe im Jahre 1861 die *Battle Hymn of the Republic* schreiben:

„Meine Augen schauen den Glanz des Herrn,
der naht. Er räumt den Weinberg aus mit den Trauben,
des Zornes Saat.
Er läßt den Schicksalsblitz, sein schreckliches Schwert
auf uns sausen.
Seine Wahrheit kommt auf uns zu."

Abgesehen von solchen Versen besitzen wir die apokalyptischen Werke von Shelley: Verse wie *„The Ode to the West Wind"* und Erzählungen wie *„Revolt of Islám"* und besonders sein großes Drama *„Prometheus Unbound"*, welches viele Kritiker als das erhabenste Gedicht der englischen Sprache ansehen. Hier im Gedicht erscheint die Form der Apokalypse nicht, und auch christliche Bilder finden keinen Ausdruck. Das Thema dieses Dramas ist in der Tat das eigentliche Kommen des Königreiches Gottes. Der Held ist ein Gottesmann, der von Liebe und Mitleid zur Menschheit in all ihrer Unwissenheit, ihrem Irrtum und Elend dazu bewegt wird, durch bewußtes Selbstopfer und schwerste Leiden ihretwegen das Prinzip des Bösen herauszufordern und endgültig zu zerschlagen, den Tyrannen von seinem Thron in den Abgrund zu schleudern und damit die Menschenrasse für alle Zeiten zu erlösen. Das Weltall selbst frohlockt in der Teilnahme an der universalen Neuerschaffung allen Lebens.

Nicht allein die Dichter, sondern auch die Menschen in Stadt und Land, hoch oder niedrig, gelehrt oder unwissend, fühlten, wie diese neue überirdische Kraft die Schöpfung bewegte. Es war eine Zeit religiöser Wiederbelebung. Kirchen wurden gebaut, das Missionswerk dehnte sich aus, und der zentrale Beweggrund war stets der Glaube an das unmittelbar bevorstehende Kommen Christi. (Siehe Kapitel V, *„The Promise of All Ages"* vom Verfasser.) Während einer ganzen Generation erträumten, bedachten, besprachen und erörterten Männer und Frauen überall dieses Kommen. Sie fanden sich in Kirchen und Kapellen, auf Straßen und am Wegesrand, und ihre Zusammenkünfte dauerten oft bis in die späte Nacht.

In vielen Teilen Englands, in Süd-Wales und in vielen Gebieten der Vereinigten Staaten, von der atlantischen Küste bis zum mittleren Westen, nahm das Fieber der Erwartung zu. Sekten der Adventisten wurden gegründet, und einige von ihnen wie z. B. Die Heiligen der Letzten Tage und die Sieben-Tage-Adventisten bestehen bis auf den heutigen Tag. So stark war dieses Fühlen in der einen oder anderen Form, daß die Erwartung des Messias durch das ganze 19. Jahrhundert hindurch andauerte und z. B. in einem apokalyptischen Sendungsbewußtsein in Erscheinung trat, wie es dem Kommunismus und Faschismus zu eigen war, und mehr als ein Diktator wurde dazu verleitet, sich als Messias zu betrachten.

Man könnte sagen, daß diese neue Kraftwelle zwei Jahrhunderte lang die ganze westliche Welt beeinflußt hat, mit Ausnahme eines Sektors: nämlich jene Einrichtungen, die immer beansprucht haben, Hüter religiöser Wahrheit zu sein, und die stets das Alleinrecht gefordert haben, nach Christus Ausschau zu halten, wie es Seinen Geboten entspricht. Die in alten Zeiten errichteten historischen Kirchen der Christenheit reagierten nicht und zeigten keinerlei Interesse. Die falschen Propheten hatten ihr tödliches Werk mit vollem Erfolg vollbracht. Ihre Auslegungen religiöser Geschichte waren derart irreführend gewesen, daß, als Christus tatsächlich wieder erschien, niemand über Seine Anwesenheit in größerer Unkenntnis blieb als gerade diejenigen, die sich selbst zu Seinen ganz besonderen Treuhändern ernannt hatten.

11. Kapitel

DER BÁB (34)

Überall in der Bibel finden wir als Leitthema den drangvollen Aufstieg der Menschheit zum Reiche Gottes und seine verheißene Erfüllung wird mit Inbrunst und mit lebhafter, grenzenloser Freude geschildert. Diese erlesenen Bilder wurden mehr als hundert Generationen eine nie versiegende Quelle des Trostes und der Erbauung für eine ringende Menschheit. Doch nirgends beschreibt die Bibel die Eigenart jenes Königreiches, noch entwickelt sie seine Psychologie, noch erklärt sie, weshalb das Reich Gottes zu einem bestimmten Zeitpunkt in der menschlichen Entwicklung erscheinen soll. Jesus erklärt ausdrücklich, Er habe noch mehr zu sagen, und als Grund, daß Er gewisse Wahrheiten verborgen hielt, gibt Er an, daß die Menschen zu Seiner Zeit noch nicht fortgeschritten und reif genug waren, um ihre zukünftige Entwicklung voll zu erfassen.

Nun aber war der Herold des Reiches Gottes gekommen und wieder gegangen. Ebenso war das Siegel der Propheten gekommen und wieder gegangen. Das nächste große geistige Ereignis war das eigentliche Kommen des Reiches Gottes auf Erden, welches diese beiden Offenbarer angekündigt hatten.

Mit dem Báb beginnt das Reich Gottes. Wir erkennen in Ihm nicht nur einen Offenbarer mit eigener Sendung und eigenen Gesetzen, sondern auch den Vorläufer des

(34) Siyyid 'Alí-Muḥammad aus Shíráz, ein Nachkomme Muḥammads, ist in die Geschichte als der Báb eingegangen (1819 bis 1850). Er war der Qá'im des Islám und Vorläufer von Bahá'u'lláh, *„Er, den Gott offenbaren wird"*.

Einen, Bahá'u'lláh, Dessen Offenbarung unermeßlich größer war als Seine eigene Sendung.

Von Seiner Offenbarung, die den prophetischen Zyklus abschließt (35), wird gesagt, daß sie 25 der 27 Buchstaben allen Wissens umfaßt. Mit Ihm waren die Bündnisse aller vorangegangenen Propheten abgeschlossen und fanden ihre Erfüllung in dem Einen, den Er ankündigte, den Höchsten Welterlöser. Somit steht der Báb am Zusammenfluß des prophetischen Zyklus, der nunmehr abgeschlossen ist, und dem Zeitalter der Erfüllung, das sich auftut. Die Bahá'í-Ära beginnt mit Seiner Erklärung am Abend des 22. Mai 1844. Sie leitet das universale Zeitalter der Wahrheit ein. Die schöpferischen Kräfte, die Er ausgießt, befähigen die Menschheit, ihre Reife zu erlangen, eine Reifestufe, die sie in der Fülle der Zeit und im Zusammenströmen mit der noch größeren Ausgießung Bahá'u'lláhs befähigen wird, die organische Vereinigung der Menschenrasse zu verwirklichen.

Jeder geistig aufgeschlossenen Seele hätte die Erklärung des Báb deutlich angezeigt, daß das Reich Gottes wirklich gekommen war. Keine frühere Manifestation, nicht einmal Jesus Christus, war so an die weltlichen Herrscher herangetreten; denn Er verkündete die Unabhängigkeit Seiner Lehre, verurteilte die Eitelkeit irdischer Macht und forderte sie allesamt auf, ihre Herrschaft abzulegen und die göttliche Botschaft in alle Lande, nach Ost und West zu tragen. Aber den persischen Behörden bewiesen solche Ansprüche lediglich, daß der Báb zweifellos ein Marktschreier und sehr wahrscheinlich nicht recht bei Sinnen sei und daß Seine Lehre an sich selbst zugrunde gehen würde.

(35) Muḥammad, das „Siegel der Propheten", war der letzte Prophet im Zeitalter der Verheißungen. Der Báb schloß jenes Zeitalter ab und leitete zugleich das Zeitalter der Erfüllung ein.

Der Erfolg der Lehrtätigkeit des Báb konnte nicht mit dem Eifer Seines Strebens Schritt halten. Seine Pilgerreise nach Mekka trug keine unmittelbar erkennbaren Früchte. Bei Seiner Rückkehr wurde Er gefangengesetzt und nach Shíráz gebracht, wo Er in einer öffentlich abgehaltenen Gerichtsverhandlung heftig geschlagen und dann auf Ehrenwort freigelassen wurde. Seine Jünger verbreiteten Seine Botschaft im ganzen Lande. Sie begegneten überall heftigem Widerstand und wurden häufig mißhandelt und verfolgt. Viele wurden gefoltert und getötet.

Zur gleichen Zeit jedoch entfachte der Glaubenseifer der Bábí überall im Lande und in den Städten starkes Interesse und große Begeisterung. Durch Seine Beredsamkeit und strahlende Persönlichkeit gewann der Báb viele Herzen. Als nach zwei Jahren die Oberschicht von Staat und Kirche die Lage überblickte, entdeckte sie, daß der Báb in der für die Schí'iten bedeutenden Stadt Iṣfáhán die Herzen vieler, hoch und niedrig, gewonnen hatte, und daß Seine Lehre nunmehr bei den Kaufleuten, im Heer und beim Landadel Anhänger gewann. Aufs äußerste bestürzt von dem offenbaren Ergebnis ihrer Passivität, entwarf die Geistlichkeit einen sorgsam durchdachten Plan, den sie unnachgiebig auszuführen gedachte, bis diese ungeheuerliche Ketzerei (wie sie es nannte) vollkommen ausgerottet wäre.

Im Jahre 1847 wurde der Báb in das entlegene Gebirge von Ádhírbáyján gebracht und zuerst in der Festung Máh-kú, später in der Feste Chihríq gefangengehalten. Dort verbrachte Er die letzten wenigen Jahre Seines Lebens. Die schí'itischen Mullás verdammten Seine Lehren und entfachten von ihren Kanzeln herab den Fanatismus ihrer Gemeinden gegen alle Bábí. Anhänger des Báb wurden angegriffen, ihre Häuser geplündert, ihre Frauen mißhandelt. Gerichtsbehörden gaben ihnen keinerlei Schutz und ersetzten ihnen nichts. Die Bábí waren praktisch vogelfrei.

In den drei Ortschaften Ṭabarsí, Nayríz und Zanján verbarrikadierten sich die Bábí, um sich zu schützen, und sie fielen lediglich durch Hinterlist und Verrat einer überwältigenden Übermacht von Truppen des Sh͟áh zum Opfer.

Die Bábí waren über die grausame Kerkerhaft ihres geliebten Meisters zutiefst empört und schlugen in Seinem Namen so erfolgreich zurück, daß der neue Premierminister beschloß, dem Konflikt sofort ein Ende zu setzen, indem er befahl, den Báb, mit oder ohne gesetzliche Vollmacht, hinrichten zu lassen. Der Báb wurde von Ch͟iríq nach Ṭabríz gebracht, wo Er erschossen wurde.

Sein Märtyrertod hinterläßt der geistigen Geschichte des Märtyrertums zweifellos ein Wunder, für welches auf beiden Seiten Zeugen vorhanden sind (36). Der Báb wurde mit einem Seil an einem in die Gefängniswand getriebenen Haken hochgehängt; ein Ihm ergebener Jünger wurde gleichfalls so festgebunden, daß sein Kopf auf der Brust des Báb ruhte. Ein christliches Regiment war als Feuerkommando ausgesucht worden; sein Oberst jedoch, der schon bei dem Gedanken, seine Hand gegen eine so heilige Persönlichkeit zu erheben, entsetzt war, flehte den Báb an, Er solle ihn davon entbinden, eine derartige Gotteslästerung zu verüben. *„Folgen Sie Ihren Anweisungen"*, erklärte der Báb, *„und wenn Ihre Absicht aufrichtig*

(36) A. L. M. Nicolas: „Siyyid 'Alí-Muḥammad dit le Báb" S. 375-9; *„The Dawnbreakers"*, Nabíl's Narrative.

ist, so ist der Allmächtige sicherlich imstande, Sie aus Ihrer Verlegenheit zu befreien."

Kurz vor der Hinrichtung nahm der Báb Seinen Sekretär, Siyyid Ḥusayn, zu einer vertraulichen Unterredung in einem der Gefängnisräume beiseite. Der Gefängniswärter unterbrach Ihn schroff und befahl dem Báb, ihm sofort zu folgen. *„Nicht eher, als bis Ich ihm alles gesagt habe, was Ich zu sagen wünsche, kann irgendeine irdische Macht Mich zum Schweigen bringen"*, so warnte der Báb. *„Würde gleich die ganze Welt gegen Mich in Waffen stehen, so könnte sie Mich dennoch nicht daran hindern, Meine Absicht bis zum letzten Worte zu erfüllen."* Mit diesen Worten folgte Er dem Gefängniswärter.

Das christliche Regiment eröffnete das Feuer auf den Báb und Seinen Jünger, die beide an die Mauer gehängt und festgebunden waren. Als sich der Pulverrauch der 750 Gewehre langsam verzogen hatte, sah die etwa 10 000 Menschen zählende Menge, daß der Báb verschwunden war, und daß Sein Jünger völlig unversehrt im Gefängnishof stand. Eine fieberhafte Suche setzte ein, und schließlich fand man den Báb im selben Raum, wo Er die Unterredung mit Seinem Sekretär zu Ende führte. *„Ich habe Meine Unterredung mit Siyyid Ḥusayn beendet"*, sagte Er. *„Sie mögen nunmehr Ihr Vorhaben ausführen."*

Das christliche Regiment weigerte sich, die Hinrichtung nochmals zu versuchen und wurde von Mohammedanern abgelöst. Der Báb und Sein Jünger wurden diesmal sofort getötet.

Die Körper wurden in den Stadtgraben geworfen, später aber von Anhängern geborgen. Heute ruhen sie in einem eindrucksvollen Mausoleum, das von Tausenden von

Gläubigen aus allen Teilen der Welt im Heiligen Land erbaut worden ist.

Die Bábí ließen sich selbst durch die Hinrichtung ihres Herrn nicht entmutigen und gewannen Seiner Lehre immer mehr Gläubige.

Zwei Jahre später gab ein von zwei unbekannten und unverantwortlichen Jugendlichen verübter Anschlag auf das Leben des Sháh der mohammedanischen Geistlichkeit den langersehnten Vorwand. Überall in Persien wurden die Bábí grausam verfolgt, und die höllischen Foltern und Metzeleien nahmen kein Ende, bis die Erde Persiens mit dem Blut der Märtyrer getränkt war, und die Behörden völlig überzeugt waren, daß der Glaube des Báb endgültig niedergeschlagen sei und sich nie wieder erheben werde.

12. Kapitel

BAHÁ'U'LLÁH

Bahá'u'lláh war ein Nachkomme Abrahams durch dessen Gattin Ketura, und Er erfüllte damit die Abraham gegebene Prophezeiung, daß in Ihm alle Familien der Erde gesegnet würden.

Für den abendländischen Leser ist es schwierig, Einzelheiten über die Jugend Bahá'u'lláhs in Erfahrung zu bringen. Es ist uns jedoch bekannt, daß Er zwei Jahre vor dem Báb, am 12. November 1817, geboren wurde. Von Kindheit an waren an Ihm Zeichen großen Wunders und großer Macht erkennbar. Als Er noch ein Kind war, hatte Sein Vater einen Traum, den Nabíl wie folgt schildert:

„Bahá'u'lláh schien in einem weiten, unbegrenzten Ozean zu schwimmen. Sein Körper leuchtete auf den Fluten mit einem Glanz, der das Meer in Licht badete. Um Sein Haupt, das deutlich über den Wassern sichtbar war, schwammen rundum Seine langen, tiefschwarzen Locken auf den Wogen. Ein großer Schwarm von Fischen, so träumte Er, sammelte sich um Ihn. Jeder Fisch hielt sich am Ende eines Haares fest. Gebannt vom Strahlenglanz Seines Antlitzes, folgten sie Ihm, in welcher Richtung Er auch schwamm. Wie groß auch ihre Zahl und wie fest sie sich auch an Seine Locken klammerten, Er verlor doch kein einziges Haar, schwamm völlig unversehrt auf den Wassern, und alle folgten Ihm."

Der Wesir (37) war durch diesen Traum tief beeindruckt und rief einen Seher, der in der Gegend berühmt war, und

(37) Bahá'u'lláhs Vater

bat ihn, den Traum zu deuten. Wie von einer Vorahnung von Bahá'u'lláhs künftigem Ruhm inspiriert, erklärte dieser: „Der unbegrenzte Ozean, den Sie in Ihrem Traum gesehen haben, o Wesir, ist nichts Geringeres als die Welt der Schöpfung. Allein und ohne Hilfe von außen her wird Ihr Sohn höchste Herrschaft über diese erlangen. Wohin Sein Wunsch Ihn auch führen mag, wird Er ungehindert gelangen. Niemand wird Ihm widerstehen, niemand wird Seinen Fortschritt hindern können. Unter dem Schwarm der Fische sind die Umwälzungen zu verstehen, die Er unter den Menschen und Völkern der Erde auslösen wird. Sie werden sich um Ihn scharen und sich an Ihn klammern. Er ist des nie versagenden Schutzes des Allmächtigen sicher, und der Aufruhr wird Ihm keinen Schaden zufügen, noch wird Seine Einsamkeit auf dem Meer des Lebens je Seine Sicherheit gefährden." (38)

Bahá'u'lláh liebte den Umgang mit Menschen, besonders mit Kindern, und auch Er war bei ihnen beliebt. Von Kindheit an zog Er das Leben auf dem Lande vor und liebte Bäume und Blumen und Reiten.

Er entstammte einer adligen und wohlhabenden Familie, die seit langem auf politischem Gebiet großes Ansehen genoß. Er Selbst war mit außerordentlicher Redegewandtheit begabt. Als Er heranwuchs, zeigte Er keinerlei Neigung zur Politik, sondern nahm sich der Bedürftigen, der Armen und der Kranken an. Als Sein Vater starb, übernahm Er die Verwaltung umfangreicher Besitztümer und heiratete die Tochter eines bekannten Wesirs. Ihre Ideale kamen den Seinen nahe, und bald nannte man sie beide den Vater der Armen und die Mutter des Trostes.

(38) „The Dawnbreakers", Nabíl's Narrative

Als Er 27 Jahre alt war, brachte Ihm eines Tages ein Bote ein Päckchen mit einem vom Báb verfaßten Manuskript durch Übermittlung des Mullá Ḥusayn, des ersten Jüngers des Báb. Aus diesem Dokument erfuhr Bahá'u'lláh, daß das von religiösen Menschen so sehnlich erwartete Reich Gottes in der Tat endlich gekommen war, daß sich der Báb Selbst als der Prophet dieses Reiches erklärt hatte und nun Seine Boten durch Persien sandte, um den Anbruch des Neuen Tages zu verkünden. Das Dokument bestand aus einigen Seiten des Qayyúmu'l-Asmá', dem *„ersten, größten und mächtigsten"* der Werke des Báb, dessen erstes Kapitel Er am Abend Seiner Erklärung geoffenbart hatte. Darin rief Er den S͟háh und die Könige und Prinzen der Erde auf, Seine Stufe anzuerkennen, und wandte Sich auch an die westlichen Völker, sich aufzumachen und Ihn zu hören.

Nachdem Er das Manuskript teilweise gelesen hatte, erkannte Bahá'u'lláh sogleich, daß sein geistiger Gehalt dem des Qur'án gleichkam, und Er nahm die Botschaft des Báb an. Er verzichtete sofort auf alle Seine persönlichen Interessen und unterstützte trotz Seines Wohlstandes, Seines hohen Gesellschaftsranges, Seiner Jugend und Seiner sehr verheißungsvollen Zukunft die Lehre eines völlig unbekannten Kaufmanns (39) und begann, Ihm mit äußerster Hingabe zu dienen. Obgleich Er schon lange zuvor die Göttlichkeit der Stufe erkannt haben muß, die Ihm Selbst gebührte, bekannte sich Bahá'u'lláh doch sofort zu den Anhängern des Báb und sprach zu niemandem über Seinen wirklichen Rang.

In den Jahren, in denen der Báb wirkte, war Ihm Bahá'u'lláh ein treuer und ergebener Helfer, nicht allein

(39) Der Báb war Wollhändler bei Seinem Onkel in Shíráz

dank Seines hervorragenden Charakters und Seiner außerordentlichen Fähigkeiten, sondern auch durch Seine Begeisterung und persönliche Ergebenheit für den Báb.

Die beiden Propheten sind Sich auf dieser Erde nie persönlich begegnet, blieben aber durch Briefwechsel und auf andere Art in enger Verbindung. Beiden war es bestimmt, für die Sache große Leiden zu ertragen, und in der Bereitschaft hierzu stand keiner dem anderen nach. Dreimal wurde Bahá'u'lláh als Anhänger des Báb gezüchtigt, dreimal war Er eingekerkert, und der Báb hatte Seinerseits dreimal die gleichen Bestrafungen zu erdulden. Nach der Konferenz von Badasht beschloß Muḥammad Sháh, Bahá'u'lláh aus der Welt zu schaffen, starb aber selbst kurz bevor er diese Drohung verwirklichen konnte. Es war Bahá'u'lláh, Dem der Báb Seinen kostbarsten persönlichen Besitz sandte, Seine Feder und Seinen Ring, als Er fühlte, daß Sein Märtyrertod unmittelbar bevorstand. Und wieder war es Bahá'u'lláh, Der in der Nacht, die der Hinrichtung folgte, durch einige Jünger den Leichnam aus dem Stadtgraben schaffen und ihn an einem sicheren Ort verbergen ließ.

Zur Zeit des Anschlages auf den Sháh weilte Bahá'u'lláh als Gast des Groß-Wesirs in Lavásán. Er lehnte den Ihm dort angebotenen Schutz und die Vermittlungsversuche ab und begab Sich zum Hauptquartier der kaiserlichen Armee in Níyávarán. Von dort wurde Er unter schwerer Bewachung, in Ketten, ohne Kopfbedeckung und barfuß, nach Teheran gebracht, wo man Ihn sofort in den Síyáh-Chál, den schrecklichsten aller Kerker der Hauptstadt, warf.

Bahá'u'lláh beschreibt in Seiner „Epistel an den Sohn des Wolfes" diesen Ort folgendermaßen:

„Das Verlies war in tiefes Dunkel gehüllt. Unsere Mitgefangenen bestanden aus etwa hundertfünfzig Seelen: Diebe, Mörder und Straßenräuber. Trotz des Gedränges, das hier herrschte, gab es doch keinen anderen Ausgang, als den Weg, auf dem Wir hereingekommen waren. Keine Feder vermag jenen Ort zu schildern, keine Zunge seinen ekelerregenden Gestank zu beschreiben. Die meisten von diesen Menschen hatten weder Kleider noch Bettzeug, worauf sie sich hätten legen können. Gott allein weiß, was Wir an jenem finsteren Ort mit seinem entsetzlichen, fauligen Gestank ausgehalten haben!"

Solcherart waren Ort und äußere Umstände, die Gott erwählt hatte, als Er an Bahá'u'lláh den Ruf zur Prophetenschaft und zum Antritt Seiner Sendung ergehen ließ.

Ein unabhängiger Prophet hat zwei Stufen: eine göttliche und eine menschliche. Im Wesen ist Er göttlich. Als solcher verkörpert Er das Wort Gottes. Im Kitáb-i-Íqán finden wir diese göttlichen Wesen folgendermaßen beschrieben: *„Diese geheiligten Spiegel, diese Aufgangsorte altehrwürdiger Herrlichkeit sind allesamt auf Erden die Vertreter Dessen, der innerster Kern, einstes Wesen und letztes Ziel des Weltalls ist. Von Ihm gehen ihre Erkenntnis und Macht aus, von Ihm leitet sich ihre Herrschaft ab. Die Schönheit ihres Antlitzes ist nur eine Widerstrahlung Seines Bildes und ihre Offenbarung ein Zeichen Seiner unsterblichen Herrlichkeit. Sie sind die Schatzkammern göttlicher Erkenntnis, die Aufbewahrungsorte himmlischer Weisheit. Durch sie wird eine Gnade vermittelt, die unendlich ist, und durch sie wird das Licht enthüllt, das nimmermehr verlöschen kann."* (40)

(40) Bahá'u'lláh, „Das Buch der Gewißheit" (Kitáb-i-Íqán), Frankfurt a. M. 1958, S. 66/67

Und in demselben Buche heißt es: „*Diese altehrwürdigen Wesen sind, wenn auch aus dem Mutterleib geboren, in Wirklichkeit vom Himmel des Willens Gottes herabgestiegen. Obgleich sie auf dieser Erde wohnen, so sind doch ihre wahren Wohnorte die Ruhesitze der Herrlichkeit in den Reichen der Höhe. Während sie unter Sterblichen wandeln, sind sie doch in den Himmel der göttlichen Gegenwart erhoben. Ohne Füße schreiten sie auf dem Pfade des Geistes, und ohne Schwingen fliegen sie empor zu den erhabenen Höhen göttlicher Einheit. Mit jedem Atemzug durcheilen sie die Unendlichkeit des Raumes, und mit jedem Augenblick durchwandern sie die Reiche des Sichtbaren und des Unsichtbaren. . . . Sie sind entsandt durch die alles überragende Macht des Herrschers seit urewigen Zeiten, und erhöht durch den erhabenen Willen des mächtigsten Königs. Dies ist mit den Worten gemeint: ‚kommend auf den Wolken des Himmels'.*" (41)

Doch sie müssen durch eine Ihnen bestimmte, erschütternde, furchtbare Erfahrung gehen, wenn nach Gottes Ratschluß Ihre Sendung beginnt und die ganze Kraft und Herrschaft, die Ihnen eigen ist, enthüllt wird. Jeder Prophet wird diesem Erlebnis unterworfen und fühlt Sich oft nahezu überwältigt. Wir lesen, wie Moses ohnmächtig wurde und wie Muḥammad in Sein Heim eilte und Seine Gattin Khadíja bat, Ihn in Seinen Rock zu hüllen. Dieses große Erleben wandelt die Beziehung zwischen Gott, dem Allmächtigen, und dem Propheten, ändert aber nicht unbedingt diejenige zwischen dem Propheten und dem Volk, bis der Prophet Selbst die Zeit für gekommen hält. So wird angenommen, daß Jesus Seine Sendung empfing, als Er im Jordan von Johannes getauft wurde, Seine öffent-

(41) Bahá'u'lláh, Kitáb-i-Íqán, S. 48

liche Erklärung jedoch erfolgte erst dem jüdischen Sanhedrin gegenüber in der letzten Nacht Seines Lebens.

In Seinem Brief an den Sháh beschreibt Bahá'u'lláh den Ruf Gottes mit folgenden Worten: „*O König, wahrlich, Ich schlief wie jeder andere Mensch auf Meinem Lager. Der Odem des Allerherrlichsten wehte über Mich hin und lehrte Mich die Erkenntnis dessen, was war. Diese Sache ist nicht von Mir, sondern von Einem, Der allmächtig und allwissend ist. Und Er hat Mich geheißen, zwischen Himmel und Erde zu verkündigen; darum ist über Mich gekommen, was die Augen derer, die es wissen, mit Tränen füllt. . . . Dies ist ein Blatt, das die Winde des Willens deines Herrn, des Allmächtigen, des All-Gepriesenen, bewegt haben.*"

In späteren Jahren beschreibt Er in Seiner „Epistel an den Sohn des Wolfes" weitere Einzelheiten: „*Eines Nachts im Traum hörte Ich von allen Seiten das folgende allerherrlichste Wort: ‚Wahrlich, Wir werden Dir helfen, daß Du durch Dich Selbst und durch Deine Feder triumphierst. Gräme Dich dessen nicht, was über Dich gekommen ist, und fürchte Dich nicht. Wahrlich, Du gehörst zu denen, die behütet sind. Nicht mehr lang, und der Herr wird die Schätze der Erde offenbaren und Menschen auferstehen lassen, die Dir den Sieg verleihen durch Dich Selbst und durch Deinen Namen, womit der Herr die Herzen der Wissenden belebt hat.'*"

'Abdu'l-Bahá wies darauf hin, daß dieses Erlebnis des Propheten rein physischer Natur ist. Seine Individualität wandelt sich nicht. Er bleibt, was Er war (42).

So begann Bahá'u'lláhs Wirken im Jahre neun (1853 n. Chr., 1269 n. d. Hedschra), wie der Báb bereits an-

(42) „Beantwortete Fragen", Kapitel 39

gekündigt hatte. Es war eine Zeit, welche die ganze Welt mit unvorstellbaren Möglichkeiten durchdrang. Der Anschlag auf das Leben des Sháh war am 15. August 1852 erfolgt; Bahá'u'lláh war daraufhin sofort im Síyáh-Chál eingekerkert worden, und etwa Mitte Oktober erreichte Ihn der göttliche Ruf und stattete Ihn mit der Fülle der Macht jener Oberherrschaft aus, die Seiner göttlichen Sendung zukam. Zwei Monate darauf wurde Seine völlige Unschuld an jenem Gewaltverbrechen bewiesen, nachdem Seine Freunde und der russische Gesandte sich nachdrücklich zu Seiner Verteidigung eingesetzt hatten.

Nach Seiner Entlassung aus dem Síyáh-Chál blieb Bahá'u'lláh Gefangener des Sháh. Die Enteignung Seines gesamten Besitzes hatte Ihn praktisch mittellos gemacht. Zudem war Er aus Seinem Geburtsland nach Baghdád im 'Iráq verbannt worden, wohin Er Sich vor Ablauf eines Monats begeben mußte.

In den folgenden zehn Jahren Seines Aufenthaltes in Baghdád erreichten Sein Ruhm und persönlicher Einfluß ihren Höhepunkt. Sein Einfluß war so groß, daß Er nicht nur in Seiner unmittelbaren Umgebung, sondern selbst in den entlegenen Dörfern Persiens unter den Bábí Mut, Hoffnung und Vertrauen in ihren Glauben in immer zunehmendem Maße verbreitete. Er wirkte weiter als ein Bábí und setzte den Lehren des Báb nichts hinzu. Er gab dem Glauben jedoch universalen Charakter und hob ihn auf ein höheres Niveau, indem Er vorgeschrittene Lehren des Báb, die seit langem weniger Beachtung gefunden hatten, in den Vordergrund stellte. Sein intuitives Verstehen der Schriften beeindruckte derart, daß viele Bábí-Pilger und sogar mohammedanische Studenten von Karbilá und Najaf Ihn voll Eifer aufsuchten. Sein bescheidenes

Heim wurde zu einem Wallfahrtsort für geistig Suchende. Viele Seiner Gefährten spürten in Ihm denselben einzigartigen Geist göttlicher Liebe, der auch so tief Seine Schriften durchdrang in ursprünglicher Kraft, und sie schenkten Ihm solche Zuneigung und Liebe, wie sie von den Geschichtsschreibern jener Zeit aufgezeichnet worden ist. Trotz aller Armut hielten die Freunde festliche Zusammenkünfte ab, bei denen sie ihre Liebe zum Ausdruck brachten, und in zahlreichen Aufzeichnungen wird Sein Gemach als ein Zugang zum Paradiese beschrieben, wie es die Menschenherzen nie zuvor gekannt hätten. Die ethische Stufe der Bábí-Gemeinde war über jede Anerkennung erhaben, und der gute Name, den der Glaube erworben hatte, wurde allerorts bekannt. Das *„Buch der Gewißheit"* (43), Sein großes, in Baghdád geoffenbartes Werk, faßt auf zweihundert Seiten den großen universalen Plan göttlicher Erlösung zusammen und erläutert nicht nur die fundamentalen inneren Wahrheiten über die Art und Weise göttlicher Offenbarung, sondern schildert auch die Schwierigkeiten der Auslegung, die immer Ursache des Mißklangs unter den großen Weltreligionen gewesen sind.

Bahá'u'lláhs Aufstieg zu derartigem Ansehen und geistiger Macht erfolgte so rasch, daß die geistlichen Behörden der umliegenden Städte, wie beispielsweise in Karbilá, voll Eifersucht berieten, wie sie sich Seiner entledigen könnten. Sie machten Vorhaltungen, Er sei nicht weit genug von Persien entfernt, um ungefährlich zu bleiben. Sie überredeten schließlich den Sháh, Ihn weiter in die Ferne zu verbannen, und setzten die türkischen Behörden unter wachsenden Druck, Ihn schärfer zu bewachen. Bahá'u'lláhs

(43) Persisch: „Kitáb-i-Íqán"

unbestrittener Einfluß bei der Bevölkerung und zahlreichen Intellektuellen in Baghdád setzte Ihn dem Verdacht aus, persönlichen Machtplänen nachzugehen. Im Jahre 1863 hatten es Seine Widersacher erreicht, daß Er nach Konstantinopel verbannt wurde.

Es waren nunmehr zehn Jahre, seit Er den göttlichen Ruf vernommen hatte, und die Zeit war reif, die Kraft und Herrschaft, die schon so lange Seine Seele durchflutet hatten, nunmehr öffentlich zu erklären. Am 21. April 1863 hielt Bahá'u'lláh in dem am Flußufer außerhalb Baghdáds gelegenen Garten Najíbíyyih erstmalig das Riḍván-Fest ab, das zwölf Tage währt und das größte und freudigste aller Bahá'í-Feste ist. Hier übernahm Er öffentlich vor Seinen Anhängern und vor den Augen der Welt die höchste Autorität, mit welcher Ihn der Allerhöchste zehn Jahre zuvor ausgestattet hatte. Die Zeit war angebrochen, da Jesus Christus Seinen Thron in der Herrlichkeit Gottes, des Vaters, bestiegen hatte. Die Stunde war gekommen, da Er das Szepter der Fülle göttlicher Macht ergriff und Sich somit als der höchste Herr erklärte über alles im Himmel und auf Erden.

Die Bedeutung, die dieses Fest für Ihn und für die Welt hatte, findet ihren Ausdruck darin, daß Er es „*König aller Feste*" und den „*Tag Gottes*" genannt hat. Im *Kitáb-i-Aqdas*, Seinem größten Werk, schildert Er es als den Tag, an dem „*alle erschaffenen Dinge in das Meer der Läuterung getaucht wurden*", und in einem anderen Tablet spricht Er von dem Tag, an dem „*der Hauch der Vergebung über die gesamte Schöpfung hinzog*". Und ein andermal schreibt Er: „*O Volk von Bahá, frohlocke in äußerster Freude beim Gedenken an den Tag höchster Seligkeit, den Tag, an dem die Zunge des Urewigen der*

Tage gesprochen hat, an dem Er Sein Haus verlassen hat und Sich dem Ort zuwandte, von dem Er auf die gesamte Schöpfung den Glanz Seines Namens, des All-Gnädigen, ausgegossen hat."

Dieser Tag muß wahrhaftig als der größte Tag in die Geschichte der Menschheit eingehen.

13. Kapitel

SENDSCHREIBEN AN DIE KÖNIGE

Sofort nach Seiner öffentlichen Erklärung an Riḍván in Baghdád brachen Bahá'u'lláh und Seine Gefährten nach Konstantinopel auf. Dort verweilten sie jedoch nur vier Monate, denn der Sultan schickte sie mitten im Winter und unter den härtesten Umständen zum dritten Male in die Verbannung. In Adrianopel blieb Bahá'u'lláh vier Jahre; Er wurde im Jahre 1868 ein viertes und letztes Mal verbannt. Diesmal war es die Kerkerstadt 'Akká, von der es hieß, daß die Vögel, die über sie hinfliegen, tot zur Erde fallen.

Zu jener Zeit, besonders aber während Seines Aufenthaltes in Adrianopel, richtete Bahá'u'lláh Sendschreiben an die Machthaber der Welt, in denen Er Seine geistige Stufe und Seine Sendung darlegte. Einige unter ihnen sind für den abendländischen und christlichen Leser von besonderer Bedeutung; zunächst Sein im Jahre 1864 an alle Könige der Erde gemeinsam gerichtetes Tablet; ferner die für die vier führenden Monarchen Europas bestimmten Sendschreiben. Das erstere ist von Shoghi Effendi (44) als ein Schriftstück (45) beschrieben worden, das von allen Tablets Bahá'u'lláhs die größte Tragweite hat. In ihm ruft Bahá'u'lláh alle Könige und Kirchenoberhäupter der Welt auf, sich Ihm zuzuwenden und Seinem Wort zu folgen. Könnte es für ein solches Dokument einen erhabeneren Aufruf geben als den folgenden:

(44) Der Hüter des Bahá'í-Glaubens. Der erste Hüter war Shoghi Effendi, Bahá'u'lláhs Urenkel. Siehe 15. Kapitel

(45) Súriy-i-Mulúk

„O Könige auf Erden! Leiht euer Ohr der Stimme Gottes ... die diese Worte ertönen läßt: ‚Es gibt keinen anderen Gott außer Ihm, dem Mächtigen, dem Allvermögenden, dem Allweisen! ... Fürchtet Gott, o Schar der Könige, und laßt es nicht zu, daß ihr dieser erhabensten Gnade beraubt werdet. So werfet hinweg die Dinge eures Besitzes und haltet euch fest an dem Griff Gottes, des Erhabenen, des Großen. Wendet eure Herzen dem Angesicht Gottes zu und gebet auf, wonach euch eure Wünsche trachten ließen, und zählt nicht zu denen, die untergehen."

Bahá'u'lláh berichtet ihnen sodann über den Märtyrertod des Báb, der von den ungerechten und grausamen Geistlichen Persiens verschuldet worden ist. Er hält sie alle zusammen für dieses Verbrechen für verantwortlich und verlangt von ihnen Genugtuung. Er fordert, daß sie mit ganzem Herzen Seinen Worten Folge leisten und sich dem geheiligten Hofe Gottes zuwenden.

Bahá'u'lláh erklärte unmißverständlich, daß Er das Reich Gottes auf der ganzen Erde errichten werde; Er bat die Könige nicht, Ihm bei diesem Werk beizustehen. Er legte ihnen jedoch nahe zu bedenken, daß ihr wahrer Ruhm im Gehorsam Gott gegenüber liege, nicht im Ausmaß oder Wohlstand ihrer Reiche. Ferner müßten sie über ihre Untertanen mit größter Gerechtigkeit regieren und die Armen seien ihnen von Gott besonders anvertraut. Die Steuern müßten herabgesetzt und alle Zwistigkeiten unter ihnen ausgesöhnt werden, bis sie schließlich mit Ausnahme einer Polizei, ohne Armee und die damit verbundenen hohen Ausgaben auskommen könnten.

Er richtete an sie die eindeutige Warnung, daß die Nichtbeachtung Seiner Anweisungen unausweichliche Katastrophen schrecklichster und mannigfaltigster Art zur

Folge haben werde, ein Unglück, dem sie nicht entrinnen könnten und welches sie überwältigen werde.

Auch forderte Er die Könige auf, die Ungerechtigkeiten, die Ihm und den Seinen zwanzig Jahre lang widerfahren waren, eingehend zu untersuchen und unparteiisch über Ihn und Seine Widersacher zu urteilen.

Er versicherte ihnen nochmals, Gott habe verheißen, Seine Heilige Sache zu erhöhen, selbst wenn keiner der Könige auf Erden Ihm helfen werde.

Dieser Aufruf jedoch, dessen Befolgung, wie Er ausdrücklich erklärte, der Menschheit den „Größten Frieden" gesichert hätte, wurde von jedem der Könige mit Verachtung zurückgewiesen.

Als Zeichen besonderer Nachsicht zeigte Bahá'u'lláh den Königen des christlichen Europa einen weiteren Weg. In gesonderten Schreiben an Napoleon III., Papst Pius IX., Königin Victoria von England und Zar Alexander II. legte Er ihnen nahe, Ihm beizustehen, das Gottesreich in ihren Ländern zu errichten. Napoleon war zu jener Zeit der Mächtigste und Glänzendste der gekrönten Häupter Europas, und ihm bot Bahá'u'lláh die Führung in diesem großen Vorhaben an. Er rief ihn auf, die neue Offenbarung zu verkünden, und versicherte ihm, der Klerus, der an der alten Glaubensform festhalte und die neue verleugne, werde gleich verblaßten Sternen seinen Stand und seine Autorität einbüßen. Er eröffnete Napoleon verschiedene große, neue Prinzipien des neuen Glaubens und erklärte ihm die Reihenfolge der Religionen, wie der Islám die Nachfolge des Christentums sei, das Christentum Nachfolger des mosaischen Glaubens und dieser wiederum der Religion Abrahams folge. Er erklärte ihm, Seine eigene Sendung habe den Zweck, die Menschheit, die wie eine große Familie, ja wie eine Seele in vielen Körpern sei, innerlich zu erneuern und zu vereinen. Er betonte, daß die seit langem beim Missionieren angewandte Gewalt abgeschafft, und daß allein mit Weisheit und Überzeugung gelehrt werden müsse. Der Erfolg jeder Lehrtätigkeit hänge vom aufrichtigen Bestreben des Lehrers ab. Er erklärte, daß die Mönche ihre Klöster verlassen, heiraten und am Leben des Volkes Anteil nehmen sollten. Das Zölibat sei im Vergleich zur Ehe vom Allmächtigen nie als ein besserer Lebenswandel gutgeheißen worden.

Er rief Napoleon auf, seine Krone aufzugeben, oder, falls er sie behalte, sie immer im Dienste Gottes zu tragen, und Er versicherte Napoleon des vollen Erfolges in der Ausführung Seines großen Planes. Napoleon würde als König der Welt angesehen werden.

Gleichzeitig tadelte Er Napoleon, er sei unaufrichtig und überheblich gewesen; Er sagte ihm, daß Vergeltung im Verzug sei und, falls er zögern werde, Bahá'u'lláh Folge zu leisten, er völlig gedemütigt und besiegt und alles verlieren werde.

Napoleons Antwort war verächtliche Ablehnung. Noch bevor das Jahr um war, wurde er bei Sedan geschlagen und verlor sein Reich und seinen Thron.

An Papst Pius IX. schrieb Bahá'u'lláh, „*Er, der Herr aller Herren, ist gekommen,* und er, der Fels (Petrus), ruft: *‚Sehet, der Vater ist gekommen und was euch im Königreich verheißen ward, das ist erfüllet'.*" Er forderte den Papst auf: „*Erhebe dich im Namen des Herrn, des Gottes der Gnade, mitten unter den Völkern der Erde und fasse mit den Händen des Vertrauens den Kelch des Lebens; trinke du zuerst und biete ihn dann den Menschen aller Religionen dar, die sich ihm zuwenden ... Verkaufe* *allen Zierat, den du bezitzest und spende ihn auf dem Pfade Gottes ... überlasse dein Reich den Königen und tritt aus deinem Palast hervor ... verkünde den Lobpreis deines Herrn zwischen Erde und Himmel ..."*

Bahá'u'lláh fügte einen Aufruf hinzu, der in Worten größter Liebe und wärmster Zuneigung für die Anhänger Christi gefaßt war, und drängte sie, das Königreich Gottes zu erkennen und in ihm einzugehen, denn andere würden bereits ihren Einzug halten, obgleich ihnen hierzu nicht das erste Anrecht zustehe.

Der Papst ließ Bahá'u'lláhs Schreiben völlig unbeachtet, und im folgenden Jahr wurde er durch einen Schicksalsschlag, wohl weniger sensationell als der Napoleons, aber von gleicher Tragweite, mit Gewalt seiner weltlichen Macht beraubt, die freiwillig aufzugeben er verweigert hatte, und wurde Gefangener des Vatikans.

So kann das Jahr 1870 als der Beginn des Auseinanderberstens und Niedergangs westlicher Zivilisation betrachtet werden.

Bahá'u'lláh offenbarte der Königin Victoria, daß die Prophezeiungen des Evangeliums mit Seinem Kommen erfüllt worden seien, und Er schenkte ihr ein besonders ergreifendes Gebet, durch das sie sich, wie Er sie ermahnte, Ihm zuwenden sollte. Er lobte sie für zwei ihrer kurz zuvor getroffenen Maßnahmen, nämlich die Abschaffung des Sklavenhandels und die Erweiterung des Wahlrechts, die beide dem Geist des neuen Zeitalters entsprachen. Er schrieb ihr ausführlich über die göttliche Regierungskunst, erklärte an Hand moderner Geschichte die Ursachen ihres wiederholten Scheiterns und gab zu verstehen, daß sie sich nunmehr in gefährlicher Lage befinde.

Durch Königin Victoria ließ Er an die Monarchen schweren Tadel ergehen, daß sie den „Größten Frieden" ausgeschlagen hätten, und Er riet ihnen dringend, den „Geringeren Frieden" anzunehmen, der bis zu einem gewissen Grade ihre Lage bessern werde.

In Seinem vierten Schreiben, das in warmen Worten gehalten war, riet Er Zar Alexander II., sich zu erheben und die göttliche Sache den Nationen der Welt zu verkünden.

Es wird berichtet, daß Königin Victoria beim Lesen Seines Briefes bemerkt habe: „Wenn dies von Gott ist, so wird es Bestand haben, wenn nicht, so kann es nicht schaden." Doch weder sie noch irgendein anderer unter den christlichen Herrschern anerkannte Ihn oder beachtete Seine Ratschläge.

Bahá'u'lláh erklärte, daß sie, von Stolz geblendet, unfähig seien, selbst das für ihre eigenen materiellen Interessen Beste einzusehen, geschweige denn eine so ungeheuer große Offenbarung anzuerkennen.

Bahá'u'lláh war nun von allen Herrschern der Erde verworfen worden, und Seine Verbannung nach 'Akká schnitt Ihn vollkommen von jeder aktiven Fühlungnahme mit dem ab, was in der Welt vor sich ging. Es verdient jedoch besondere Beachtung, daß mit Seiner Verbannung nach 'Akká, ins Heilige Land, der Sultan die uralte Prophezeiung erfüllt hatte, daß der Herr der Heerscharen sich dort offenbaren werde. Diese Verbannung nahm jedem die Möglichkeit zu der Behauptung, Bahá'u'lláh habe diese Vorhersage aus Seinem eigenen freien Willen heraus erfüllt.

Bahá'u'lláhs Vertrauen in die Christengemeinde und in ihre Unterstützung Seiner Lehre ließ nie nach. Gegen Ende Seines Lebens schrieb Er das Heilige Tablet (46), ein wich-

(46) Lawḥ-i-Aqdas

tiges, an die Christenheit gerichtetes Schriftstück, in dem Er diese einerseits tadelt, daß sie sich so viel Zeit nimmt, Ihn anzuerkennen, andererseits jedoch den Christen verspricht, ihnen treu zu bleiben. Denen, die sich Ihm mit ganzem Herzen zuwenden und Seinem Glauben dienen würden, verheißt Er eine Reihe verzückter Seligkeiten.

Etwa zur gleichen Zeit wurde Professor Edward Granville Browne von der Universität Cambridge auf die Lehre des Báb aufmerksam, und als ein lebenslanger Bewunderer des Báb befaßte er sich eifrig mit Seiner Geschichte. Dies führte ihn nach 'Akká, wo ihm Bahá'u'lláh eine Audienz gewährte. In jener berühmten Einführung zum Buch „*A Traveller's Narrative*" schreibt Professor Browne über diese Begegnung:

„Das Antlitz, in das ich nun blickte, kann ich nie vergessen, obgleich ich nicht imstande bin, es zu beschreiben. Diese durchdringenden Augen schienen auf dem Grunde der Seele zu lesen. Macht und Würde lagen über diesen breiten Brauen; die tiefen Falten auf Seiner Stirne und Seinem Gesicht verrieten ein Alter, das Sein tiefschwarzes Haar und der in üppiger Fülle bis zur Leibesmitte herabwallende Bart Lügen zu strafen schienen. Unnötig zu fragen, in wessen Gegenwart ich stand, als ich mich vor Dem verneigte, Der das Ziel einer Verehrung und Liebe ist, um die Ihn Könige beneiden könnten, und nach der sich Kaiser vergeblich sehnen" (47).

Und noch die folgenden Worte von den Lippen Bahá'u'lláhs, die Er in 'Akká bei dieser Unterredung an Professor Browne richtete, wurden im Jahre 1893 auf dem Welt-Religionskongreß in Chicago verlesen und machten

(47) E. G. Browne, „A Traveller's Narrative", Einführung; Cambridge

die westliche Welt erstmalig mit der neuen Offenbarung bekannt. Bahá'u'lláh sprach:

„Du bist gekommen, um einen Gefangenen und Verbannten zu sehen ... Wir wünschen nur das Wohl der Welt und das Glück der Völker; dennoch hält man Uns für Anstifter von Streit und Aufruhr, die Gefangenschaft und Verbannung verdienen ... Wir wünschen, daß alle Völker in einem Glauben vereint und alle Menschen Brüder werden, daß das Band der Liebe und Einigkeit zwischen den Menschenkindern gestärkt werde, daß Religionsverschiedenheit aufhöre und die Unterschiede, welche zwischen den Rassen gemacht werden, aufhören. Was ist nun Schlimmes hieran? ... Aber trotz alledem wird es dahin kommen: diese fruchtlosen Kämpfe, diese zerstörenden Kriege werden aufhören, und der „Größte Friede" wird kommen ... Habt ihr dies in Europa nicht auch nötig? Ist dies nicht das, was Christus verhieß? ... Aber dennoch sehen Wir eure Könige und Regenten die Schätze ihrer Länder mehr auf die Zerstörung der Menschen verschwenden als darauf, was zum Glück der Menschheit führen würde ... Diese Kämpfe, dieses Blutvergießen und diese Zwietracht müssen aufhören, alle Menschen müssen sein, als ob sie einem Geschlecht und einer Familie angehören. Es rühme sich kein Mensch dessen, daß er sein Land liebt, sondern eher dessen, daß er das Menschengeschlecht liebt ..."

Bahá'u'lláh verschied im Jahre 1892. Kurz nach 1893 wurde zwischen Amerika und 'Akká Verbindung hergestellt, und noch vor Ende des Jahrhunderts trafen nach schwieriger und ungewisser Reise die ersten Besucher aus Amerika in der Gefängnisstadt ein, wo 'Abdu'l-Bahá, Bahá'u'lláhs ältester Sohn, noch immer eingekerkert war.

14. Kapitel

'ABDU'L-BAHÁ

Bahá'u'lláh ernannte in Seinem eigenhändig geschriebenen Testament Seinen Sohn 'Abdu'l-Bahá zu Seinem Nachfolger und verband damit Kräfte, die keinem Nachfolger früherer Propheten zu eigen wurden, und die 'Abdu'l-Bahá eine einzigartige Stufe in der Religionsgeschichte geben. Bahá'u'lláh bestimmte Ihn als den Mittelpunkt und das Lebenszentrum Seines unvergleichlichen Bündnisses; als den vollkommenen Spiegel Seines Lebens, der Seine Lehren verkörpern solle; als den unfehlbaren Ausleger Seiner Worte und als die Verkörperung jeden Ideals und jeder Tugend der Bahá'í.

Bahá'u'lláh nannte Ihn das Geheimnis Gottes und schrieb folgendes über Ihn: *„Sein Wort ist, als ein Zeichen Unserer Gnade, aus dem Größten Tablet hervorgegangen — ein Wort, das Gott mit der Schönheit Seines Selbstes geziert, über die Erde und alles, was darinnen ist, erhoben hat und zu einem Zeichen Seiner Größe und Macht unter den Menschen geschaffen hat . . . Danket Gott, o Völker, daß Er erschienen ist; denn Er ist, wahrlich, die größte Gunst und das vollkommenste Geschenk, das euch zuteil wurde; und durch Ihn wird jedes verkümmerte Glied aufs neue belebt."*

Solch ein Auserwählter war dazu bestimmt, einen großen Teil Seiner Zeit und Seiner Kraft im Dienst am christlichen Westen zu opfern.

'Abdu'l-Bahá wuchs mit dem Bahá'í-Glauben auf; Er wurde am Abend der Erklärung des Báb geboren; Er war der erste, der im Alter von neun Jahren die erhabene Wandlung in Bahá'u'lláh nach Dessen Berufung erkannte und war mit Seinem Vater zusammen in die Verbannung gegangen. Im Jahre 1868 wurde Er mit Seinem Vater in das Größte Gefängnis in 'Akká eingekerkert und blieb vierzig Jahre lang in Haft, bis Ihm die Jungtürkische Revolution im Jahre 1908 wieder die Freiheit gab. Obwohl durch Seine Leiden im Gefängnis nicht bei guter Gesundheit, begab Er Sich im Jahre 1910 auf zwei Reisen nach der westlichen Welt, die drei Jahre dauerten. Die wichtigsten Seiner damaligen Ansprachen sind in den Büchern „The Promulgation of Universal Peace" („*Verkündung des Weltfriedens*"; Ansprachen in Amerika), „*Pariser Ansprachen*" und „*'Abdu'l-Bahá in London*" wiedergegeben.

Er wußte sehr wohl, daß sich die westliche Welt bereits in großer Gefahr befand, obgleich die abendländischen Christen von der drohenden Heimsuchung keine Ahnung hatten. 'Abdu'l-Bahá hat in einem Seiner Tablets jene Ereignisse kurz geschildert:

„O Heerscharen des Lebens! Ost und West haben sich vereint, Sterne verloschener Pracht anzubeten, und haben sich im Gebet verdunkelten Horizonten zugewandt. Beide haben die umfassende Grundlage der geheiligten Gesetze Gottes völlig vernachlässigt und beachten das Wesen und die Vortrefflichkeit Seiner Religion nicht. Sie haben gewisse Gebräuche und Überlieferungen als die Grundlage des göttlichen Glaubens betrachtet und sich fest darin verankert. Sie haben sich eingebildet, sie seien auf dem höchsten Gipfel des Fortschritts und des Wohlstandes angelangt, da sie doch in Wirklichkeit in die tiefsten Tiefen der Achtlosigkeit gefallen und sich völlig der gnadenreichen Gaben Gottes beraubt haben."

Die Menschen Europas und Amerikas, zu denen Er sprach, waren sich nicht nur ihrer wirklichen Lage, wie Er sie sah, völlig unbewußt, sondern hatten geradezu eine entgegengesetzte Meinung. Sie waren überzeugt, die große und mächtige Zivilisation des christlichen Westens sei ihrem eigenen Streben entsprungen und stelle das Endprodukt aller Zivilisationen der Vergangenheit dar, also der griechischen, römischen, persischen, indischen, chinesischen und ägyptischen Zivilisationen, die lediglich als eine Vorbereitung gedient hätten. Sie zweifelten nicht daran, daß sie zu jener Zeit die erleuchtetste Generation des erleuchtetsten Zeitalters seien, welches die Welt je gesehen habe. Die Realwissenschaften, so meinten sie, hätten die Grenzen des Realen erreicht, alle Fragen beantwortet und wüßten alles, was es überhaupt zu wissen gäbe. Die weiße Rasse hatte in der Fülle ihrer Macht eine feste materielle Kontrolle über die schwächeren Nationen der Welt gewonnen, und sie werde die wirtschaftliche, militärische und politische Vormachtstellung in der Welt wohl auf unbegrenzte Zeit behalten.

Die eine oder andere dieser Anschauungen wurde wahrscheinlich von jedem gebildeten Zuhörer vertreten, zu dem 'Abdu'l-Bahá im Westen sprach. Vielleicht war dies besonders in England der Fall. Und daß solche Ansichten über die Errungenschaften westlichen Geistes noch zwanzig Jahre später vorherrschend waren, ist den Ausführungen eines außerordentlich prominenten Oxford-Wissenschaftlers in einem seiner berühmten Geschichtswerke zu entnehmen:

> „Somit ist unsere Zivilisation überlegen. Sie dringt überall durch und herrscht vor. Rein geographisch sind Asien, Afrika und Amerika größer als Europa,

und in der Bevölkerungszahl sind die bodenständigen Massen Asiens nicht allein Europa, sondern der gesamten restlichen Welt überlegen. Umfassende Statistiken würden jedoch beweisen, daß fast in jedem Gebiet der Erde europäische Niederlassungen oder Spuren europäischer Denkart zu finden sind. Die überlebenden einheimischen Volksstämme der westlichen Hemisphäre sind geringfügig, unbedeutend und ein in der Gesamtbevölkerung schwindendes Element. Die Neger Afrikas sind durch den weißen Menschen zu einem wirtschaftlichen Nutzen geworden. Nord- und Südamerika sind überwiegend von europäischen Kolonisten bevölkert. Australien ist britisch. Die politische Führung Afrikas, mit Ausnahme der etwas zweideutigen Gebiete des unteren Nils, ist in europäische Hände gefallen. In Asien ist es nicht viel anders. Die politischen Einflüsse Europas sind offensichtlich, und selbst dort, wo sie es nicht sind, wie in Indien und Palästina, sind sie doch in direkter europäischer Kontrolle verkörpert. Der Gedanke der Nationalität, verantwortlicher Regierung, der Freiheit und des Fortschritts, der Demokratie und demokratischer Erziehung ist mit revolutionären und weitreichenden Folgen vom Westen zum Osten gelangt.

Überdies ist es der europäische Mensch, dem die Welt den unvergleichlichen Segen europäischer Wissenschaft verdankt. Die Beiträge Asiens zum Sieg der Wissenschaft über die Natur sind belanglos und die Afrikas, mit Ausnahme Ägyptens, fehlen ganz. Der Buchdruck, das Fernrohr, die Dampfmaschine und der Benzinmotor, Flugzeug, Telephon, Telegraph, drahtloser Funk, Film, Grammophon und Fernsehen, zusammen mit den Hauptentdeckungen der Physiologie, wie dem Blutkreislauf, der Atmungsgesetze und so weiter, sind die Forschungsergebnisse weißer Menschen europäischer Abstammung. Die Feststellung ist kaum übertrieben, daß alle materiellen Fasern unseres modernen, zivilisierten Lebens auf der intellektuellen Kühnheit und Ausdauer der europäischen Völker beruhen" (48).

'Abdu'l-Bahá wußte natürlich, daß derartige Meinungen über die Bedeutung westlicher Zivilisation eine völlige und zugleich tragische Illusion darstellen. Er wußte, daß der Báb die Völker des Westens aufgerufen hatte, aus ihren Städten zu treten und die Sache Gottes zu fördern, und daß der Báb die gesamte Menschheit vor der *„schrecklichsten und schwersten Strafe Gottes"* gewarnt hatte. Er wußte auch, daß Bahá'u'lláh gesagt hatte, daß die Zeit der Vernichtung der Welt und ihrer Völker gekommen sei. *„Die Tage neigen sich ihrem Ende zu, und dennoch sind die Völker der Erde in tragische Achtlosigkeit versunken und in offensichtlichen Irrtum verfallen . . . Groß, groß ist diese Sache! Die Stunde naht, da die größte Umwälzung gekommen sein wird. Ich schwöre bei Ihm, der die Wahrheit ist! Sie wird jeden, selbst diejenigen, die um Mich kreisen, mit Trennung befallen . . . Höret, o Scharen der Achtlosen! Ich schwöre in Gottes Namen! Der vorausgesagte Tag ist gekommen, der Tag, an dem euch qualvolle Prüfungen über euren Häuptern und unter euren Füßen umgeben werden mit diesen Worten: ‚Erntet, was eure Hände*

(48) H. A. L. Fisher, „A History of Europe", Einführung Seiten 1 und 2; Edward Arnold & Co., London, 1936

gesät haben' ... Der Tag nähert sich, an dem die Flamme der Zivilisation die Städte verschlingen wird und die Zunge der Größe verkünden wird: ‚Das Reich ist Gottes, des Allmächtigen, des Allgepriesenen'."

'Abdu'l-Bahá wußte auch, daß Bahá'u'lláh erklärt hatte, daß göttliche Züchtigung die Könige der Erde befallen werde. Er wußte durch den unvermittelten Fall Napoleons III. und des Papstes, kaum ein Jahr nach erfolgter Warnung, wie plötzlich und schrecklich diese Strafe kommen kann. Die christliche Bibel war die anerkannte Autorität bezüglich des Kommens des Reiches Gottes und jener großen Ereignisse, die mit diesem Kommen verbunden sind. Wie konnte 'Abdu'l-Bahá jene Voraussagen von Schrecken und Untergang und von der Demütigung menschlichen Stolzes vergessen, die den Prophezeiungen Jesajas, Joels, Zacharias und vielen anderen zufolge die Zeichen des Tages des Herrn sein würden! Auch vergaß Er nicht, daß Propheten wie Hesekiel fürchterliche Kriege und verheerendes Blutvergießen vorausgesagt hatten, die dem endgültigen Siege Gottes auf Erden vorangehen würden. Oder die Vorhersage Jesu, derzufolge ein Unglück, wie es die Welt nie zuvor erlitten hat, jenem Triumph vorangehen würde, und daß kein Mensch selig würde, es sei denn, die Zeit werde verkürzt werden. In der Offenbarung wird geschildert, wie die Scharen der Rechtschaffenheit unter Führung Christi gegen die Scharen des Bösen ziehen, und das folgende Blutbad wird durch Bilder dramatisiert, in denen das dunkelrote Blut der Reben aus Weinkübeln fließt.

Diese biblischen Prophezeiungen stimmten in allen Einzelheiten mit den Ereignissen überein, die nunmehr durch das Wort Bahá'u'lláhs Form annahmen, und die zu dem

Charakter und Zukunftsausblick der Geschichte, wie sie die Völker des Westens sahen, im krassesten Gegensatz standen. Gottes Wille war die herrschende Kraft in der Bibel, während dem westlichen Denken nach menschlicher Wille den Gang der Ereignisse bestimmte.

Es wäre für 'Abdu'l-Bahá leicht und den Umständen entsprechend natürlich gewesen, diesen falschen westlichen Standpunkt anzugreifen, seinen Irrtum zu enthüllen und ein glänzendes und überwältigendes Argument vorzutragen, das die Übereinstimmung Seiner Lehre mit der Bibel betont und andererseits die Nichtigkeit der westlichen Erwartung eines von Menschenhand gebauten Reiches und der materialistischen Vormachtstellung einer Rasse über die restliche Welt gezeigt hätte. Doch 'Abdu'l-Bahá tat dies nicht. Das große Ideal, das Er Seinen Zuhörern vor Augen führte, war jederzeit und allerorts dasselbe: Einheit durch Liebe. Seine „Pariser Ansprachen" strömen durchweg eine geistige Weisheit und spontane Herzenswärme aus und haben eine Zartheit und Güte, daß ihnen in der geoffenbarten Religionsliteratur der Welt kaum etwas gleichkommt. Er hielt Seine erste öffentliche Ansprache in einer christlichen Kirche in London (49) und führte unter anderem aus:

„Dies ist ein neuer Zyklus menschlicher Macht. Alle Horizonte der Welt sind erleuchtet, und die Erde wird wahrhaftig ein Garten und Paradies werden . . . Gottes Gabe für dieses erleuchtete Zeitalter ist die Erkenntnis der Einheit der Menschheit und der grundlegenden Einheit der Religion. Kriege zwischen den Nationen werden aufhören, und durch den Willen Gottes wird der Größte Friede kommen . . .".

(49) City Temple, am 15. Sept. 1911

Diese Wahrheit des Anbruchs neuer Kräfte in der Welt wurde zum Leitgedanken Seiner Ansprachen im Westen. In Amerika jedoch wandte Er Sich an Seine Zuhörer als Christen und rief sie auf, nicht nur Zuhörer zu bleiben, sondern Ährenleser zu werden, von denen Christus gesagt hatte, daß sie sich am Tage Seiner Ernte erheben würden. Er war bestrebt, nicht nur den Verstand Seiner Zuhörerschaft zu belehren und zu erleuchten, sondern auch die Kraft des Geistes und der Begeisterung zu erwecken, die den Materialismus meistern sollte, welcher die Menschheit befallen hatte; eine Kraft, die in den Menschen zugleich eine neue, liebevolle, geistige Aufgeschlossenheit entwickeln sollte, durch welche Seine Botschaft in die Herzen finden konnte.

Er gab den Menschen einen neuen Begriff von Christus, der im Gegensatz stand zum orthodoxen, sektiererischen und dogmatischen Christus, von einem Christus, Dessen wahre Absicht es gewesen sei, die Herzen der Menschen mit der Kraft göttlicher Liebe zu vereinen; einem Christus, wie Ihn sich niemand je vorgestellt hatte, nämlich tatkräftig bestrebt, die Menschen jeder Art, Rasse und Nationalität zusammenzubringen und die Vorurteile und Traditionen, die sie trennten, zu sprengen. Seine warme, begeisternde und gütige Art verlieh 'Abdu'l-Bahás Darlegungen Kraft und Realität, die einen neuen Christus enthüllten, wie Ihn die Menschen zuvor nicht gekannt hatten.

Seine Ansprachen in Amerika beginnen mit einem spontanen Ausdruck größter Freude und Befriedigung, daß sich so viele aufgeschlossene Menschen gefunden hatten, die bereit waren, Seine Botschaft zu hören, deretwegen Er trotz hohen Alters und mangelnder Gesundheit von so weit her zu ihnen gekommen war. Nur die Liebe

Gottes und ihre Liebe hätten diese Reise ermöglicht. 'Abdu'l-Bahá strahlte mit Herz und Seele einen unbeschreiblichen, siegreichen Glauben aus, als Er Christus und Bahá'u'lláh pries und Ihre Geistesverwandtschaft und die Einheit Ihres Strebens und Zieles hervorhob.

Sein Aufruf war nicht mit dem Bahá'u'lláhs an die Könige zu vergleichen. 'Abdu'l-Bahá befahl nicht, sondern wandte Sich an den gesunden Menschenverstand, an Logik und Glauben und wies auf Tatsachen hin. Er entkräftete die falschen Hoffnungen der anmaßenden weißen Rasse nicht durch Widerlegungen, sondern schilderte ganz natürlich, was dem Reiche Gottes im Schöpfungsplan des Menschen vorangehen muß.

Er beschrieb von vielen Gesichtspunkten aus das Universum, wie es von einem unwandelbaren Gesetz gelenkt wird und von einem universalen, unabhängigen und lebendigen Willen erschaffen worden ist, beherrscht und geleitet wird. Dieser große, alles belebende Geist sei die Ursache und Triebkraft aller erschaffenen Wesen in der Welt, die Macht, die alles Dasein belebt und beherrscht. 'Abdu'l-Bahá zeigte bei diesen Ausführungen eine seelische Haltung, die sowohl logisch als religiös war und gleichermaßen auf Wissenschaft und Glauben fußte. Er behandelte das Thema nicht nur in breiter, allgemeiner Form, sondern auch in allen Einzelheiten. So verfolgte Er beispielsweise den Kreislauf des Atoms durch die Reiche der Natur — Mineral, Pflanze und Tier — und zeigte, daß die Wandlungen, die es hierbei durchmacht, nicht vom Atom selbst ausgehen. Der eine, lebendige, unabhängige Wille Gottes, der über die Wandlung der Atome herrsche, walte ebenso über der Entwicklung, die den Menschen von Stufe zu Stufe zum Reich Gottes emporführt. So brachte Er die gesamte Natur auf eine Ebene mit dem Menschen und bewies nicht nur die Einheit der Menschheit, sondern ebenso die des gesamten Universums, in welchem jeder Bestandteil auf seine Art und Weise, selbst wenn auch nur von vorbereitender Bedeutung, zum einen großen geistigen Ziel beiträgt, das im Reich Gottes die höchste Erfüllung findet.

Er lehrte Seine Zuhörer, dem Materialismus der Zeit mit Verstand und unverrückbaren Tatsachen zu begegnen, und führte Beispiele an, wie dies getan werden kann.

Wie 'Abdu'l-Bahá Selbst sagte, war der Hauptzweck Seiner Lehrreisen im Westen, in Seinen Zuhörern die Fähigkeit zu erwecken, die große neue Offenbarung zu verstehen und voll zu schätzen. Er wollte nicht, daß sie wie die Könige von Stolz geblendet und von der überheblichen Skepsis der Zeit befallen würden, so daß sie die Wahrheit nicht erkennen konnten, wenn man sie ihnen klar vor Augen führte. Er erinnerte Seine Hörer daran, daß Christus ähnliche Schwierigkeiten gehabt und in diesem Zusammenhang das Gleichnis vom Sämann erzählt habe. Wie Christus zu Seiner Zeit, so war 'Abdu'l-Bahá bestrebt, die Herzen und die Denkweise Seiner Zuhörer zu wandeln und zu vergeistigen. Wenn Ihm dies nicht gelänge, so würde der Aufdeckung eines Irrtums im Denken der Menschen bei nächster Gelegenheit ein neuer Irrtum folgen. Nur die Erweckung der Herzen, auf daß sie die Wahrheit erkennen und lieben, konnte ein hinreichender Heilweg sein. Dies allein war die erste und letzte Absicht 'Abdu'l-Bahás.

Seine eigene Persönlichkeit war Sein größter Beweis: Er war so überaus aufrichtig, so voller Wahrheit und Liebe, daß Er offenbar die Macht hatte, selbst diejenigen, die ohne jeden Glauben waren, zu überzeugen. Zudem gefiel Seinen Hörern Seine gelöste, frohe Vortragsart. Sie hatte ihre eigene, durchdringende Überzeugungskraft.

Wer 'Abdu'l-Bahá kannte, pflegte zu berichten, daß man Seine überströmende Liebe zur Menschheit von Ihm wie in großen Wogen kommen fühlte. Andere, die neben Ihm im Wagen gesessen hatten, haben bekundet, daß man in Seiner Nähe das Gefühl gehabt hätte, von geistiger Energie geladen zu werden.

Viele werden beim Lesen Seiner Schriften mit Staunen gewahr, daß sie Eigenschaften enthalten, die von den Aufzeichnungen anderer Menschen verschieden sind. In ihnen liegen ein besonderer Tonfall und eine Kraft, die gewiß von einer höheren Welt kommen, als der, in welcher wir leben. Es ist somit natürlich, daß man von Seinen Schriften wie von einer Offenbarung spricht. Dennoch war 'Abdu'l-Bahá Mensch und keine Manifestation Gottes, und Seine Schriften, obgleich von Gültigkeit, haben nicht den Rang des geoffenbarten Wortes eines Propheten Gottes. Könnte es für dieses Phänomen eine andere Erklärung geben als die, daß der Heilige Geist in diesem Zeitalter der Wahrheit die Seelen der Menschen mit stärkerer Kraft anrührt, als es jemals in der Vergangenheit der Fall gewesen ist? Unser Zeitalter hat sich aus der Ebene des Reiches des Menschen zu den bisher unerreichten Höhen des Reiches Gottes erhoben. 'Abdu'l-Bahá, die Verkörperung jeden Bahá'í-Ideals, die Fleischwerdung jeglicher Bahá'í-Tugend, zeigt uns den Menschen, der als Ebenbild Gottes erschaffen wurde, auf einer Entwicklungsstufe, die weit höher ist als die, welche wir bislang dem Menschen zuerkannt haben.

Nach neunmonatiger Lehrreise durch die Vereinigten Staaten und Kanada beendete 'Abdu'l-Bahá Seinen Besuch der westlichen Welt und sagte widerstrebend den nahen Ausbruch des ersten Weltkrieges voraus. Er begab Sich sodann über Europa nach Seinem Wohnsitz in Haifa zurück. In Amerika hatte Er jedoch eine Anzahl Übersetzungen von Bahá'í-Schriften veröffentlicht, Bahá'í-Gemeinden auf fester Grundlage organisiert und in Wilmette, nördlich von Chicago, den Grundstein zu einem Bahá'í-Haus der Andacht gelegt, nachdem man dort, Seinen Anweisungen folgend, Land erworben hatte. Seine Bemühungen, die Frohen Botschaften des Neuen Tages weit und breit zu verkünden, fanden jedoch viel zu wenig Widerhall. Nach Ausbruch des Weltkrieges nahm Er den durch das Blutvergießen ausgelösten Schrecken zum Anlaß, im Jahre 1916 und auch später an alle Bahá'í einen bewegenden Aufruf zu senden, sich aufzumachen und überall in der Welt die Nationen zum Reich Gottes zu rufen. Als großes Beispiel wies Er erneut auf den Opfergeist der Jünger Christi hin. Vierzehn dieser Schreiben bilden 'Abdu'l-Bahás Göttlichen Plan, in welchem Er die Verkündung der Botschaft des Neuen Tages auf allen Kontinenten und Inseln in allen Einzelheiten, voll Autorität und Entschiedenheit, darlegt. Dieser Plan ist voll ausgearbeitet und wird gewiß noch von vielen zukünftigen Generationen befolgt werden. Der Aufruf fand seinerzeit unter den Bahá'í jedoch keinen großen Widerhall, eine Tatsache, die 'Abdu'l-Bahá sehr schmerzlich traf und Ihn erkennen ließ, wie sehr die Welt noch zu leiden haben werde, trotz all Seiner Bemühungen, diese Leiden zu verringern. Mit Trauer im Herzen verschied Er in Haifa drei Jahre nach Ende des ersten Weltkrieges. Er hatte einen weiteren Krieg vorausgesagt, der, noch wütender als der vergangene, in absehbarer Zukunft folgen werde.

Nach Seinem Hinscheiden wurde Sein besonders tiefgründiges und aufbauendes Werk veröffentlicht, das als *„Wille und Testament 'Abdu'l-Bahás"* bekannt wurde. Es vervollständigte das „Buch der Gesetze" (50), Bahá'u'lláhs großes Meisterwerk, und läßt beide Werke als ein vollendet harmonisches Ganzes erscheinen.

(50) Kitáb-i-Aqdas

15. Kapitel

'ABDU'L-BAHÁS WILLE UND TESTAMENT

Jesus Christus sprach: „Mein Reich ist nicht von dieser Welt", und die Christen haben zu der Annahme geneigt, reine Religion sei nur subjektiver und mystischer Natur und habe mit Institutionen, Gesetzgebung und Verordnungen wenig oder überhaupt nichts zu tun. Solch ein Gedanke ist dem Alten und Neuen Testament fremd. Das Reich Gottes ist in Wirklichkeit ein Reich, dessen Herrscher weder ein Philosoph, noch ein Lehrer ist, sondern ein König mit Gesetzen und Untertanen. Das neue Jerusalem, das vom Himmel herabkommt und zum Mittelpunkt des Reiches wird, stellt das göttliche Gesetz dar, während das besondere Amt des Herrn der Heerscharen auf Erden in dem Wort liegt: „Die Herrschaft soll auf Seinen Schultern ruhen", und daß Er „Recht und Gerechtigkeit bringen werde, heute und immerdar".

Wille und Testament 'Abdu'l-Bahás legen jene Verwaltungsordnung nieder, durch welche dies alles verwirklicht werden soll. Diese Ordnung, deren Grundidee von Bahá'u'lláh geoffenbart worden war, gibt dem Bahá'í-Glauben seinen historisch einmaligen Charakter, nämlich ein Verwaltungssystem, das auf dem unverbrüchlichen, geschriebenen Wort beruht, das die Nachfolge festlegt, Institutionen im einzelnen beschreibt, Autorität verleiht, Spaltung verhindert, das geoffenbarte Wort vor Fälschung schützt, seine bevollmächtigte Auslegung vorsieht und schließlich die göttliche Führung des Herrn der Heerscharen Selbst verewigt.

„Die durch das Gesetz Bahá'u'lláhs freigelegten schöpferischen Kräfte durchfluteten und entwickelten den Geist 'Abdu'l-Bahás und haben durch unmittelbaren Antrieb und engste Wechselwirkung ein Instrument hervorgebracht, das als Charter der neuen Weltordnung angesehen werden mag, die zugleich der Glanz und die Verheißung dieser größten Sendung ist." (51)

Die administrativen Einrichtungen des Reiches Gottes, wie sie von Bahá'u'lláh geoffenbart und von 'Abdu'l-Bahá weiter umrissen und ergänzt worden sind, sehen unter anderem „Häuser der Gerechtigkeit" vor, die auf örtlicher, nationaler und internationaler Ebene wirken. Diese Körperschaften wenden die Gesetze und Prinzipien Bahá'u'lláhs auf das tägliche Leben an. Das Universale Haus der Gerechtigkeit ist besonders bevollmächtigt, erforderliche Gesetze über Angelegenheiten zu erlassen, die im „Buch" nicht vorgesehen sind, und es steht, wie 'Abdu'l-Bahá ausdrücklich erklärt hat, *„unter der Fürsorge und dem Schutz der Abhá-Schönheit, unter der Obhut und der nicht irrenden Führung des . . . Erhabenen . . ."*. Bahá'u'lláh Selbst spricht von dieser Einrichtung: *„Gott wird ihnen wahrlich eingeben, was immer Sein Wille ist . . ."* Dies ist der gesetzgebende Kanal, durch den die Herrschaft Gottes fortgeführt werden wird.

In *„Wille und Testament"* gibt es jedoch nichts Größeres und Bedeutenderes als die überaus großen Vollmachten, die 'Abdu'l-Bahá dem Hüter verliehen hat, und die große persönliche Bewunderung und Zuneigung, die in der Ernennung von Shoghi Effendi, dem ersten Hüter des Bahá'í-Glaubens, zum Ausdruck kommt. Bahá'u'lláh hatte bereits auf diese Einrichtung hingewiesen, aber es blieb

(51) Shoghi Effendi, „Die Sendung Bahá'u'lláhs", S. 56

'Abdu'l-Bahá als dem Mittelpunkt des Bündnisses vorbehalten, sie im einzelnen darzulegen und zu verwirklichen.

'Abdu'l-Bahá erfleht *„Ehrerbietung, Lobpreis, Segen und Ruhm"* für Shoghi Effendi, in dem das kostbare Blut zweier Propheten, dem des Báb und Bahá'u'lláhs, erhalten ist, und beschreibt ihn als *„die wundersamste, einzigartige und unschätzbare Perle, die aus den wogenden Zwillingsmeeren hervorstrahlt"*, denn er ist, *„nach meinem Heimgang" „der Aufgangsort göttlicher Führung"*. *„Er ist der Erklärer der Worte Gottes, und auf ihn wird der Erstgeborene seiner unmittelbaren Nachkommen folgen"*. Alle müssen *„sich Shoghi Effendi zuwenden, denn er ist nach 'Abdu'l-Bahá der Hüter der Sache Gottes"* . . . *„Wer ihm nicht gehorcht, hat Gott nicht gehorcht; wer sich von ihm abkehrt, hat sich von Gott abgekehrt; und wer ihn verneint, hat den wahren Einen verneint." „Alle müssen Führung suchen und sich dem Mittelpunkt der Sache und dem Haus der Gerechtigkeit zuwenden."*

Die Auslegung des Heiligen Wortes, in der Vergangenheit stets eine besonders häufige Ursache für Abspaltungen, ist ein für allemal von Bahá'u'lláh in Seine Obhut genommen, und niemand außer Seinem ernannten Hüter, den Er führt, kann dieses Amt ausüben. Dies ist das Geheimnis der unverbrüchlichen Einheit des Bahá'í-Glaubens und sein Segen gänzlichen Ausbleibens von Sekten. *„Die mächtige Feste wird durch den Gehorsam gegen ihn, der der Hüter der Sache Gottes ist, uneinnehmbar und sicher bleiben."*

Durch diese Ernennung wird der Hüter die Quelle fortdauernder göttlicher Führung, und zwar in einer Weise, die es klar macht, daß, obgleich er Angriffen, Feindschaft und Opposition, ja selbst Verwerfung und Verleugnung ausgesetzt sein mag, er dennoch auf der unangreifbaren Höhe sicherer Autorität bleiben wird. Der Hüter steht zusammen mit dem Universalen Haus der Gerechtigkeit unter der ausdrücklichen Obhut und dem Schutz Bahá'u'lláhs und der nie versagenden Führung des Báb. So muß er hier auf Erden, obgleich zweifellos ein Mensch wie jeder andere, doch als die weitestmögliche Annäherung an das göttlich Erhabene angesehen werden. Wenn geschrieben ist, daß die „Herrschaft auf seinen Schultern" sein wird, so kann dieser Hinweis nur für den Hüter gelten, und die Fortdauer Seiner Herrschaft für immerdar" kann sich nur auf die Nachfolge der Hüter beziehen. Denn dies — das Bündnis — ist das Mittel, das der Herr der Heerscharen geschaffen hat, um Seine höchste Sendung zu erfüllen. Auf diese Weise wird Gott Selbst Sein Volk regieren.

Shoghi Effendi schreibt unter anderem wie folgt über die Stufe des Hüters und über die göttliche Führung, die in der Verwaltungsordnung Bahá'u'lláhs eine so hervorragende Stellung einnimmt:

„Wie erhaben die Stellung und wie wesentlich die Aufgabe der Einrichtung des Hütertums in der Verwaltungsordnung Bahá'u'lláhs auch sein mag, wie überwältigend das Gewicht der von ihr getragenen Verantwortung immer bleiben muß, so darf doch seine Wichtigkeit, gleichviel wie die Sprache des Letzten Willens ist, durchaus nicht überbetont werden. Der Hüter des Glaubens darf unter keinen Umständen, und wie groß auch seine Verdienste oder Taten seien, zu einem Rang erhoben werden, der ihn mit 'Abdu'l-Bahá an jener einzigartigen Stellung teilhaben läßt, die der Mittelpunkt des Bundes einnimmt, und noch viel weniger zu der ausschließlich der Manifestation

Gottes vorbehaltenen Stufe. Ein so schweres Abweichen von den feststehenden Grundsätzen unseres Glaubens würde nichts weniger als offenbare Gotteslästerung bedeuten . . ." (52)

„Kein Hüter des Glaubens — ich fühle die feierliche Pflicht zu dieser Feststellung — kann je beanspruchen, daß er das vollkommene Beispiel der Lehren Bahá'u'lláhs oder den fleckenlosen Spiegel darstellt, der Sein Licht zurückstrahlt. Obzwar er durch den unfehlbaren, nie irrenden Schutz Bahá'u'lláhs und des Báb beschirmt wird und in so hohem Maße mit 'Abdu'l-Bahá Recht und Pflicht, die Bahá'í-Lehren auszulegen, teilen mag, so bleibt er im Wesen dennoch Mensch und kann er, wenn er das ihm übertragene Treuamt wahren will, unter keinerlei Vorwand für sich die Rechte und Vorrechte in Anspruch nehmen, die Bahá'u'lláh Seinem Sohn zu verleihen beliebt hat. Zum Hüter des Glaubens zu beten, ihn als Herr und Meister anzureden, als „Seine Heiligkeit" zu bezeichnen, seinen Segen zu suchen, seinen Geburtstag zu feiern oder irgendein Ereignis, das mit seinem Leben verknüpft ist, festlich zu begehen, wäre im Lichte dieser Wahrheit gleichbedeutend mit einem Abgehen von den in unserem geliebten Glauben verankerten festgesetzten Wahrheiten. Die Tatsache, daß der Hüter mit der zur Sinnfindung und Ausfolgerung der Worte Bahá'u'lláhs und 'Abdu'l-Bahás erforderlichen besonderen Kraft begabt worden ist, braucht ihm nicht notwendig eine gleiche Stufe mit Denen einzuräumen, Deren Worte auszulegen er berufen ist." (53)

„Die Bahá'í-Verwaltungsordnung kann auch keineswegs als ein schweres, starres System übersteigerter Auto-

(52) Shoghi Effendi, „Die Sendung Bahá'u'lláhs", S. 65
(53) ebenda, S. 66/67

kratie oder als leere Nachahmung irgendeiner Form absolutistischer Kirchenherrschaft, sei es des Papsttums, des Imamats, oder irgendeiner ähnlichen Einrichtung, abgetan werden, und zwar aus dem einleuchtenden Grunde, daß das Recht zur Gesetzgebung in allen Fällen, die nicht ausdrücklich in den Bahá'í-Schriften geoffenbart sind, ausschließlich den international gewählten Vertretern der Anhänger Bahá'u'lláhs verliehen ist. Weder der Hüter des Glaubens, noch irgendeine Einrichtung außerhalb des Internationalen Hauses der Gerechtigkeit kann je diese wichtige und wesentliche Macht an sich reißen oder dieses heilige Recht mißbrauchen. Die Aufhebung des berufsmäßigen Priestertums und der damit verbundenen Sakramente der Taufe, des Abendmahls und der Beichte, die Gesetze, welche die Wahl aller örtlichen, nationalen und internationalen Häuser der Gerechtigkeit durch allgemeine Abstimmung erfordern, das vollkommene Fehlen bischöflicher Autorität mit den sie begleitenden Vorrechten, Entstellungen und verbeamtenden Tendenzen sind weitere Beweise für den nicht autokratischen Charakter der Bahá'í-Verwaltungsordnung und ihre Neigung zu demokratischen Methoden in der Verwaltung ihrer Angelegenheiten" (54).

Diese „Zwillings-Pfeiler" des Königreiches Gottes sind in der Religionsgeschichte der Welt einzig in ihrer Art. Sie geben der Menschheit die volle Möglichkeit, ihre eigenen Angelegenheiten durch gewählte Vertreter zu ordnen und verleihen andererseits durch die göttliche Führung des Hüters den unabsehbaren Vorteil einer unverbrüchlichen Verfassung, deren Haus auf dem Fels des unantastbaren, unbestechlichen Wortes Gottes Selbst erbaut ist.

(54) ebenda, S. 69/70

Die engen Beziehungen zwischen diesen beiden göttlich geführten Einrichtungen — dem Hütertum und dem Universalen Haus der Gerechtigkeit — und das in der Bahá'í-Verwaltungsordnung verankerte Prinzip der Beratung werden von 'Abdu'l-Bahá in Seinem *Willen und Testament* und an anderer Stelle eingehend behandelt; sie nehmen deshalb in unserem Buch keinen größeren Raum ein. Es genügt, hier zu erwähnen, daß die dem Haus der Gerechtigkeit verliehene Führung nicht den einzelnen Mitgliedern persönlich zukommt, während die Führung, die auf dem Hüter ruht, persönlich dem einen zufällt, der das „Zeichen Gottes", der „Aufgangsort göttlicher Führung" und der „Ausleger des Wortes Gottes" ist.

So kommt der prophetische Zyklus zu seinem Abschluß mit dem Erscheinen des Reiches Gottes, das von Gott vorherbestimmt, errichtet und gelenkt wird. Heute öffnet sich vor uns das Zeitalter der Erfüllung, in dem zahllose Generationen, der göttlichen Führung nie beraubt, erhöht und geliebt zugleich von jenen Propheten, Die der Höchste Wille in Seiner Gnade bis in alle Ewigkeit herabsenden wird, eine ständig fortschreitende Zivilisation vorantragen werden, zur vollen Entwicklung des Menschen und zum ewigen Ruhme Gottes.

16. Kapitel

DAS REICH GOTTES AUF ERDEN

Was auch immer am Ende des neunzehnten Jahrhunderts die Vorstellung vom Reich Gottes gewesen sein mag, für die Christen war es gewiß nicht jener erhabene Gegenstand des Gebets und sehnsuchtsvollen Strebens, wie es ihnen Christus im Vaterunser geboten hatte. Es war nicht mehr so sehr das Reich Gottes, sondern eher das Reich des Menschen — nicht aller Menschen, sondern das einer einzigen Rasse, und auch hier gehörte das Reich nur einigen wenigen, die über den Rest die Vorherrschaft errungen hatten. Ein derartiges Reich sollte eine weltweite Kirche, die Vorherrschaft des weißen Mannes, seiner Zivilisation und seiner sich ständig vergrößernden Handelsmacht bedeuten.

'Abdu'l-Bahá hat in Seinen Ansprachen im Westen ein völlig anderes Bild, überwältigend und farbenprächtig, entworfen. Er sah, wie sich beim Nahen des Reiches die Schatzkammern des Himmels auftun würden, — wie sich die Tore Gottes weit öffnen und Glanz und Herrlichkeit in Erscheinung treten würden, wie sie sich der Mensch zuvor nie hatte vorstellen können. Dies war durchaus kein „verspäteter Einfall" Gottes, sondern das ursprüngliche Motiv für die gesamte Schöpfung, lange vor der Erschaffung der Welt angelegt. Alle Erfahrungen des Menschengeschlechts, die Führung und Lehren der großen Propheten, das alles war die stufenweise Vorbereitung des Menschen auf das Reich Gottes gewesen. Jetzt, da die Propheten Ihre vorbereitende Unterrichtung abgeschlossen und die Menschheit langsam zum Zeitalter ihrer Reife herangewachsen war, hob Gott Seine machtvollen Hände und sandte den Herrn der Heerscharen, um noch größere geistige Kräfte freiwerden zu lassen, und um endlich das Reich Gottes auf Erden zu errichten.

Es war unvermeidlich, daß das Reich Gottes, so vorausgeschaut und begründet, in einer umfassenden Ordnung aufgebaut werden mußte, in der das Geistige und Materielle eng miteinander verbunden waren. Ein solches Welt-System ist von der Manifestation Gottes Selbst vorgesehen worden und ist daher in jeglicher Hinsicht viel vollkommener als jede Regierungs- oder Verwaltungsform der Vergangenheit. Bahá'u'lláh schrieb hierüber: „Das geordnete Leben der Menschheit hat durch das Walten dieses einzigartigen, wundersamen Systems eine Umwälzung erfahren; eines Systems, dessen sterbliche Augen nie zuvor Zeuge gewesen sind."

Nirgends finden wir das Wesen der Einheit der Menschheit und den Gesamtplan des Reiches Gottes in so einleuchtenden und klaren Worten umrissen wie in den folgenden Auszügen aus Shoghi Effendis *„Die Entfaltung der Weltzivilisation"*: „Die Vereinigung der gesamten Menschheit ist der Markstein jener Entwicklungsstufe, der sich die menschliche Gesellschaft nunmehr nähert. Die Einheit der Familie, des Stammes, des Stadt-Staates und der Nation sind nacheinander versucht und verwirklicht worden. Welteinheit ist das Ziel, dem eine gequälte Menschheit zustrebt . . .

„Die Einheit der Menschheit, wie sie von Bahá'u'lláh geschaut wird, schließt die Begründung eines Welt-Gemeinwesens in sich, das alle Nationen, Rassen, Glaubensbekenntnisse und Klassen eng und dauerhaft vereint, und in dem die Selbständigkeit ihrer Staatsglieder und die persönliche Freiheit und Tatbereitschaft der Einzelwesen, die sie bilden, endgültig und vollständig gesichert sind. Dieses Gemeinwesen muß, soweit wir es uns vorstellen können, aus einer Welt-Gesetzgeberschaft bestehen, deren Mitglieder als die Bevollmächtigten der ganzen Menschheit die gesamten Hilfsquellen aller sie umfassenden Nationen durchaus in der Hand haben und solche Gesetze erlassen werden, wie sie erforderlich sind, das Leben zu regeln, die Nöte zu befriedigen und die Beziehungen aller Rassen und Völker zu ordnen. Eine Welt-Exekutivgewalt, gestützt auf eine internationale Streitmacht, wird die von der Legislative gefällten Entscheidungen ausführen, die Gesetze anwenden, die durch sie erlassen sind, und die organische Einheit des ganzen Gemeinwesens schützen. Ein Weltgerichtshof wird seine bindende und endgültige Entscheidung in allen einzelnen Streitigkeiten fällen und verkünden, die zwischen den verschiedenen Elementen dieses allumfassenden Systems entstehen können. Es wird ein System des Weltverkehrs ersonnen werden, das den ganzen Erdball umspannt, befreit von nationalen Hindernissen und Beschränkungen, und mit wunderbarer Schnelligkeit und vollkommener Regelmäßigkeit funktioniert. Eine Welt-Hauptstadt wird als Nervenzentrum einer Welt-Zivilisation der Brennpunkt sein, in dem die einigenden Lebenskräfte zusammenlaufen und aus dem ihre kraftbringenden Einflüsse ausstrahlen werden. Eine Weltsprache wird entweder geschaffen oder unter den bestehenden Sprachen ausgewählt werden, und wird in den Schulen aller Bundesstaaten als Hilfssprache neben der Muttersprache gelehrt werden. Eine Weltschrift, eine Weltliteratur, ein gleiches und allumfassendes Währungs-,

Gewichts- und Maßsystem werden den Verkehr und die Verständigung unter den Nationen und Rassen der Menschheit vereinfachen und erleichtern. In solch einer Weltgemeinschaft werden Wissenschaft und Religion, die beiden gewaltigsten Kräfte im menschlichen Leben, in Einklang gebracht sein, zusammenwirken und harmonisch entwickelt werden. Die Presse wird unter einem solchen System, in dem sie der Darlegung der verschiedenartigen Ansichten und Überzeugungen der Menschheit vollen Spielraum gewährt, nicht mehr durch rechtlich begründete Interessen, seien sie privater oder öffentlicher Natur, nachteilig gehandhabt und vom Einfluß streitender Regierungen und Völker befreit sein. Die wirtschaftlichen Güter der Welt werden organisiert, ihre Rohstoffquellen werden erschlossen und völlig nutzbar gemacht, ihre Märkte werden zusammengeschlossen und entwickelt, und die Verteilung ihrer Erzeugnisse wird gerecht geregelt werden."

„Nationale Rivalitäten, Haß und Ränkespiele werden aufhören, und rassische Feindseligkeit und Vorurteile werden durch Rassenfreundschaft, Verständigung und Zusammenarbeit ersetzt werden. Die Ursachen religiösen Streites werden für immer aus dem Wege geräumt werden, wirtschaftliche Schranken und Hindernisse werden völlig beseitigt, und der überbetonte Klassenunterschied wird verwischt werden. Mangel auf der einen Seite und riesenhafte Besitzanhäufung auf der anderen Seite werden verschwinden. Die ungeheure Kraft, die für den Krieg, sei er wirtschaftlicher oder politischer Art, verzettelt und verschwendet wird, wird für solche Zwecke angewandt werden, die den Bereich der menschlichen Erfindungen und technischen Entwicklungen erweitern werden, der Ausweitung der Produktivität der Menschheit, der Beseitigung von Krankheiten und Ausdehnung wissenschaftlicher Forschungen dienen, sowie der Besserung körperlicher Gesundheit, der Ausbildung und Verfeinerung des Verstandes, der Auswertung ungenutzter und ungeahnter Rohstoffquellen des Planeten, der Verlängerung des menschlichen Lebens und der Förderung sonstiger Tätigkeiten dienen, die das verstandesmäßige, sittliche und geistige Leben des ganzen Menschengeschlechtes anregen können."

„Ein Weltbundsystem, das die ganze Erde beherrscht und eine unanfechtbare Aufsicht über ihre unvorstellbar umfassenden Hilfsquellen ausübt, die Ideale sowohl des Ostens als auch des Westens verschmilzt und verkörpert, vom Fluch des Krieges und seines Elends befreit ist und sich auf die Ausnützung aller verfügbaren Kraftquellen der Oberfläche des Planeten richtet, ein System, in dem die Stärke zur Dienerin der Gerechtigkeit gemacht ist, dessen Dasein durch seine allumfassende Anerkennung des einen Gottes und durch seinen Gehorsam gegen eine gemeinsame Offenbarung getragen wird — dies ist das Ziel, dem die Menschheit, durch die vereinenden Lebenskräfte angetrieben, zustrebt."

Die Errichtung dieses göttlichen und dennoch irdischen Reiches ist in den Schilderungen und Prophezeiungen der Bibel immer mit dem Heiligen Land verbunden gewesen, das heute der Sitz des Bahá'í-Glaubens geworden ist. Niemand kann dabei sagen, daß die Erfüllung dieser Prophezeiungen vom Bahá'í-Glauben selbst herbeigeführt worden sei, denn es waren seine Feinde selbst, der Sháh und der Sultan, die im Jahre 1868 Bahá'u'lláh, der im fernen Teheran geboren worden war, als ihren Gefangenen nach 'Akká verbannt hatten. Diese Stadt und ihre weitere Umgebung, besonders der Berg Karmel, sind seither zum heiligsten Ort der Bahá'í-Welt geworden.

Bahá'u'lláh war mit der schöpferischen Kraft ausgestattet, die gesamte Menschheit zu erneuern und in einem einzigen Organismus zu vereinen — eine geistige Einheit, die Gott von Anbeginn vorgesehen hatte, die aber erst jetzt Wirklichkeit werden sollte. Es ist eine bemerkenswerte Tatsache, daß durch das Walten dieser Ordnung, obgleich sie noch in ihren Anfängen stand, der Glaube Bahá'u'lláhs in seinen kritischen Heroischen sowie Formgebenden Zeitabschnitten sowohl in der Idee als im Handeln seine Einheit und Reinheit erhalten konnte. Daß eine so plötzliche Prüfung, wie sie nach dem Hinscheiden 'Abdu'l-Bahás eine Hunderttausende zählende Weltgemeinschaft von Gläubigen aller Klassen, Rassen, Nationen und Traditionen befallen hatte, so erfolgreich hatte bestanden werden können, erscheint fast unglaublich. Es ist dies jedoch ein frühzeitiger Beweis der unbestreitbaren Wahrheit, daß jeder Mensch gleiches Anrecht auf einen Platz im Reiche Gottes hat, welches der Teilnahme aller bedarf, um als vollkommener Spiegel den vollen Glanz des Heiligen Geistes widerzustrahlen.

Bislang ist die Menschheit in zwei Gruppen getrennt gewesen — die Guten und die Bösen, die Gläubigen und die Abtrünnigen, die Auserwählten und die Verlorenen. Jetzt aber, mit dem Kommen des Reiches Gottes, müssen alle als eine Einheit betrachtet und behandelt werden, wie es auch 'Abdu'l-Bahá stets betonte. Für diejenigen, die sich dieser göttlichen Ordnung anschließen, gibt es keinen Zweifel, daß Bahá'u'lláh offensichtlich alle Voraussetzungen geschaffen hat, um die Menschheit in der Feste der Einheit zu erhalten, und daß Er sie zum Wohlgefallen

Gottes hinführt, Der *„in Seinem Herzen den Wunsch hegt, die gesamte Menschenrasse wie einen Körper und eine Seele zu sehen."*

So haben die unermeßlichen Scharen der Erdenbürger Gottes zu Beginn Seines Reiches den Anblick des Aufbaus eines universalen Welt-Gemeinwesens vor sich, das sich in der Fülle der Zeit zu einer geistigen Welt-Zivilisation entwickeln wird. Über diesen gewaltigen Tag hat 'Abdu'l-Bahá geschrieben, indem Er die Fäden der Vergangenheit zusammenzog: *„Eines der großen Geschehnisse, das sich am Tage der Manifestation jenes unvergleichlichen Zweiges zutragen wird, ist das Aufkommen des göttlichen Banners unter allen Nationen. Das bedeutet, daß alle Nationen und Völker unter dem Schatten des göttlichen Banners — das nichts anderes als der Zweig des Herrn Selbst ist — versammelt und zu einer einzigen Nation werden. Streitigkeiten unter den Religionen und Sekten, Feindschaft der Rassen und Völker und Zwistigkeiten unter den Nationen werden verschwinden. Alle Menschen werden einer Religion angehören und einen gemeinsamen Glauben haben. Sie werden in eine Rasse und in ein Volk verschmelzen. Alle werden in einem gemeinsamen Vaterland wohnen, das der Planet selbst ist."*

Das ferne Traumbild von einst wird endlich Wirklichkeit. Das herrliche Reich der Hoffnung und des Glaubens naht vom Himmel, um die ganze Erde zu umspannen.

> „Und ich sah einen neuen Himmel und eine neue Erde; denn der erste Himmel und die erste Erde verging, und das Meer ist nicht mehr. Und ich, Johannes, sah die heilige Stadt, das neue Jerusalem, von Gott aus dem Himmel herabfahren, bereitet als eine geschmückte Braut ihrem Mann. Und ich hörte eine

große Stimme von dem Stuhl, die sprach: Siehe da, die Hütte Gottes bei den Menschen! Und er wird bei ihnen wohnen, und sie werden sein Volk sein, und er selbst, Gott, mit ihnen, wird ihr Gott sein; und Gott wird abwischen alle Tränen von ihren Augen, und der Tod wird nicht mehr sein, noch Leid noch Geschrei noch Schmerz wird mehr sein; denn das Erste ist vergangen." (Offenbarung XXI)

NACHWORT

Als Bahá'u'lláhs Erklärung, daß Seine Sendung die Wiederkehr Christi bedeutet, auf taube Ohren fiel, als Seine Aufforderung, Seinen Anspruch zu prüfen und die bitteren Ungerechtigkeiten, mit denen Er überhäuft worden war, wiedergutzumachen, keinerlei Beachtung fand, als niemand Seine mächtige und klare Voraussage hören wollte, daß ein Neuer Tag angebrochen sei, ein Neues Zeitalter (neu in geistiger, sittlicher und intellektueller Hinsicht), ein Zeitalter, das eine neue Anschauung und neue Vorstellungen bringen werde, ein Zeitalter göttlichen Gerichts, in dem Tyrannei niedergeschlagen, das Recht der Völker gesichert und die soziale Struktur der Menschheit sich ändern werde; als man die Zukunftsaussichten, die Er enthüllte, die Möglichkeiten, die Er bot, und die kühne Herausforderung, die Er von Seinem Kerker aus an die Mächtigen der Erde gerichtet hatte, völlig überhörte — da schließlich sahen sich die Kirchen in den folgenden Jahrzehnten in einen Strudel gerissen, der sie unwiderstehlich immer rascher hinabzog und sie nach acht Jahrzehnten noch immer tiefer riß in ihrer politischen Stellung, ihrem sittlichen Einfluß, ihrem intellektuellen Ansehen und ihrer sozialen Autorität, in der Zahl ihrer Anhänger, tiefer riß auch in ihrer finanziellen Kraft und in der allgemeinen Wertschätzung von Bedeutung und Wirklichkeit der Religion, wie sie von ihnen gelehrt wurden, und schließlich selbst in der Kraft und Einmütigkeit ihres eigenen Zeugnisses für die grundlegende Wahrheit, auf der die Kirche einst errichtet worden war.

In der langen Geschichte des Christentums findet sich keine entsprechende Zeitspanne des Niedergangs. In all den Wechselfällen (und deren gab es viele) von fünfzehn ereignisreichen Jahrhunderten und in all dem Unglück, den Fehlern, dem Versagen und den Erniedrigungen, die zeitweilig die Kirche heimgesucht haben, ist kein derartig katastrophaler Niedergang zu verzeichnen. Die Herrschaft der Kirche des Mittelalters gehörte im Westeuropa des neunzehnten Jahrhunderts der Vergangenheit an. Doch dies war ein allmählicher Rückgang gewesen. Die Verluste der vergangenen 800 Jahre können kaum mit dem einschneidenden Schaden verglichen werden, der in den letzten 80 Jahren angerichtet worden ist.

In den Krisen der Vergangenheit waren die Grundlagen des Glaubens und der westlichen Gesellschaftsordnung nicht erschüttert worden; die Hoffnung behielt die Oberhand, und aus Traditionen und Erinnerungen gewann man erneute Inspiration. Die menschliche Gesellschaft blieb im Christentum verankert und in dieser Beziehung vereint. Aber heute sind diese Grundlagen nicht mehr vorhanden. Achtung und Zurückhaltung sind dahin. Die edlen Höhen menschlichen Wesens sind verschlossen; seine Tiefen haben sich aufgetan. Für Gesetze der Ethik wird ein von Menschen geschaffener und den Menschen gefälliger Ersatz erfunden, der an die Stelle des Gewissens tritt. Die Würde des Verstandes und Wissens wird verleugnet, die Wahrheit selbst wird angefochten.

Die Geschichte dieses verheerenden Niedergangs ist allen nur zu gut bekannt und sei hier in großen Zügen zusammengefaßt.

Im Jahre 1870, nicht sehr lange nach Bahá'u'lláhs Tablet an Seine Heiligkeit, war der Papst durch König Victor Emanuels Einnahme von Rom seiner weltlichen Macht, die freiwillig abzulegen Bahá'u'lláh ihm geraten hatte, völlig beraubt worden. Seine formelle Anerkennung des italienischen Königreiches im Lateranvertrag besiegelte die Abtretung seiner Souveränität.

Dem Fall des Napoleonischen Reiches folgte in Frankreich eine anti-kirchliche Welle, die zur völligen Trennung der Römisch-Katholischen Kirche vom Staat, zur Verweltlichung des Erziehungswesens und zur Unterdrückung und der weiten Zerstreuung religiöser Orden führte.

In Spanien wurde die Monarchie, die so lange Verfechterin der römischen Kirche gewesen war, gestürzt und der Staat verweltlicht.

Mit der Zerstückelung der Österreichisch-Ungarischen Monarchie verschwanden die Reste des Heiligen Römischen Reiches und der mächtigsten politischen Einheit, die der Römischen Kirche geistige und materielle Unterstützung hatten zuteil werden lassen.

In Sowjetrußland kam es zum organisierten Sturm gegen die Griechisch-Orthodoxe Kirche, gegen das Christentum und die Religion. Die Kirche wurde aufgelöst, ungeheure Zahlen ihrer einhundert Millionen Anhänger getötet und über 30 000 Quadratkilometer Grundbesitz enteignet. Viele tausend Gotteshäuser wurden niedergerissen, geschlossen oder durch weltliche Zwecknutzung entweiht. Ein „Fünfjahresplan der Gottlosigkeit" sollte den Gedanken der Religion aus den Herzen des Volkes tilgen.

In jedem Land und in allen Zweigen der christlichen Kirche, selbst dort, wo sie von keinem System getragen wurde, machte die aufsteigende Macht des Nationalismus die Kirche in ständig zunehmendem Maße den Interessen und Ansichten des Staates untertan — eine Tendenz, die im ersten Weltkrieg besonders hervorstechend und anrüchig wurde.

Der allmähliche Zerfall des intellektuellen Ansehens der Religion in Europa hatte sich über viele Generationen hin erstreckt, trat aber in den siebziger Jahren des letzten Jahrhunderts besonders in Erscheinung; hauptsächlich durch den Streit, der auf Tyndales Ansprache in Belfast im Jahre 1874 folgte. Das Wesen dieses Zerfalls ist von Professor Whitehead beschrieben worden. Er stellte im Jahre 1926 unter anderem fest: „Die Religion neigt dazu, in eine nette Formalität auszuarten, mit der man sein behagliches Dasein verschönt . . . Seit zwei Jahrhunderten ist die Religion in die Defensive gedrängt, eine schwächliche Defensive. Diese Zeitspanne hat einen nie dagewesenen intellektuellen Fortschritt gebracht. Auf diese Weise ist eine Reihe völlig neuartiger Situationen geschaffen worden, die zu denken geben. Und jeder Anlaß zum Denken hat die religiösen Denker unvorbereitet gefunden. Etwas, das als eine lebenswahre Tatsache verkündet worden ist, wurde schließlich nach langem Kampf, langer Verwirrung und Kirchenbann umgewandelt und anders ausgelegt. Die nachfolgende Generation von Verteidigern der Religion beglückwünschte sodann die religiöse Welt zu der gewonnenen tieferen Einsicht. Als Folge der fortdauernden Wiederholung dieses unwürdigen Zurückweichens, das sich über viele Generationen hin erstreckte, ist die intellektuelle Autorität der religiösen Denker am Ende fast völlig zerstört worden. Man bedenke den folgenden Gegensatz: Wenn ein Darwin oder Einstein neue Theorien verkünden, so ist dies ein Triumph der Wissenschaft. Wir gehen nicht umher und sprechen von einer neuen Niederlage der Wissenschaften, nur weil man ihre alten Ideen fallen ließ. Wir wissen vielmehr, daß man in wissenschaftlicher Erkenntnis einen weiteren Schritt vorangekommen ist."

Die Verluste auf moralischem und geistigem Gebiet sind besonders in den letzten Jahren schwerwiegend und offensichtlich gewesen. Es ist unnötig, hierauf weiter einzugehen. Die Krankheit im Herzen christlichen Lebens und Denkens, die solche Demütigungen ermöglicht hat, ist nichts anderes als der Zerfall der geistigen Kräfte. Liebe zu Gott, Gottesfurcht und volles Vertrauen in Gottes allesbeherrschende Vorsehung und Seine nie endende Fürsorge sind in der Welt keine aktiven Kräfte mehr. Religiöse Denker finden sich von den Sturmzeichen der Zeit in Verwirrung gestürzt. Wenn sie nämlich von ernüchterten, gepeinigten und verzweifelten Menschen aufgesucht werden, die sie um Führung bitten und bei ihnen Trost, Hoffnung und eine verständliche Antwort auf die Frage suchen, was diese Katastrophen bedeuten, was sie ausgelöst hat und wie man ihnen begegnen kann, so sind diese Denker hilflos. Obgleich die Kirche neunzehn Jahrhunderte lang die ausdrückliche und wiederholte Verheißung Christi verkündet und sie sogar in ihr Glaubensbekenntnis einbezogen hat, daß Er mit Macht und großer Herrlichkeit wiederkehren werde, um die Erde zu richten, um die Rechtschaffenen zu erhöhen und das Reich Gottes unter den Menschen zu errichten, so glauben und lehren sie dennoch, daß in all diesen Jahren zunehmender Bedrängnis der Himmel keine helfende Hand dargereicht habe und kein Lichtstrahl der Führung auf die Erde gefallen sei; daß Gott Seinen Kindern in der Stunde größter Not Seinen Schutz, Seine Hilfe und Seine Liebe vorenthalten habe; daß Christus entweder Seine Verheißung völlig vergessen habe oder unfähig sei, sie zu verwirklichen, und daß Er es gestattet habe, Seine Kirche ohne die geringste Spur von Interesse und Anteilnahme in Trümmer fallen zu lassen.

Inzwischen hat die Bahá'í-Botschaft aufs neue die Glut des Glaubens auf Erden entfacht, wie Christus es vor langer Zeit getan hatte; die Flamme spontaner Liebe zu Gott und zu den Mitmenschen, einer Liebe, die das ganze Leben verwandelt und die sich danach sehnt, in Taten der Hingabe und der Selbstaufopferung selbst bis in den Tod und bis zum Märtyrertum ihren Ausdruck zu finden, wurde damit entzündet. Denen, welche die Stimme Christi in diesem Zeitalter wiedererkannt haben, ist die Schau des Reiches Gottes, wie sie Jesus und die Offenbarung gegeben haben, in neuer Reinheit und Schönheit zuteil geworden — dieselbe Schau, nur viel klarer noch, umfassender und mehr im einzelnen ausgearbeitet. Sie sind von einer neuen Begeisterung und einer Macht ergriffen, welcher nichts zu widersprechen und die nichts zu hindern vermag. Ihre Worte sprechen zu den Herzen der Menschen. Mit einem Mut und einer Entschlossenheit, die nur göttliche Liebe beleben und stützen kann, haben sie sich trotz rücksichtsloser Verfolgungen erhoben, um für ihren Glauben Zeugnis abzulegen. Furchtlos, trotz ihrer geringen Zahl, von sich aus schwach, doch unbesiegbar in Gottes Heiliger Sache, haben sie schon heute nach etwas mehr als einhundert Jahren, den Glauben überall in der Welt, in über 250 Ländern, verbreitet, seine Literatur in nahezu 200 Sprachen übersetzt* und in Ost und West Anhänger gesammelt, die von vielen Rassen, Nationen, Glaubensrich-

* 1958 sind es 254 Länder, in welchen der Glaube verbreitet ist; in 244 Sprachen wurde Bahá'í-Schrifttum veröffentlicht.

tungen und Traditionen stammen, und sie sind zu einer Weltgemeinschaft geworden, in der e i n Gott unter e i n e m Namen angebetet wird.

Der Bahá'í-Glaube tritt den christlichen Kirchen heute mit der allergrößten Herausforderung entgegen, die ihnen in ihrer langen Geschichte je begegnet ist. Es ist eine Herausforderung — und eine ungeahnte Möglichkeit zugleich. In diesem erleuchteten Zeitalter ist es die Pflicht jedes ernst denkenden Christen, selbständig, unvoreingenommen und furchtlos den Zweck und die Lehren dieses Glaubens näher zu untersuchen und zu ermitteln, ob der gemeinsame Mittelpunkt aller aufbauenden Kräfte unserer Zeit etwa ein anderer sein kann als Bahá'u'lláh, Gottes Bote, und ob uns nicht der Weg zu einer besseren, menschlicheren und glücklicheren Welt offensteht, sobald wir jene Verkündigung annehmen, die unsere Herrscher verworfen haben:

„O Könige auf Erden! Er, der Höchste Herrscher über alle, ist gekommen. Das Reich gehört Gott, dem allmächtigen Beschützer, dem Selbstbestehenden. Betet keinen außer Gott an, und erhebet mit strahlendem Herzen euer Angesicht zu eurem Herrn, dem Herrn aller Namen. Dies ist eine Offenbarung, mit der nichts, was ihr besitzt, je verglichen werden kann, könntet ihr es doch begreifen".

O Christen! Um euretwillen und eurer Kirche willen, um der Menschheit willen und dem Reich Gottes willen, werft eure widerstreitenden Dogmen und Auslegungen von euch, denn sie haben so viel Uneinigkeit verursacht und haben uns an den Rand der gänzlichen Selbstvernichtung geführt. Erkennet das Zeitalter der Wahrheit. Erkennet Christus in der Macht und Herrlichkeit des Vaters, und verschreibt euch mit Herz und Seele Seiner Sache.